Vaincre la dépendance

PIA MELLODY
AVEC LA COLLABORATION DE
ANDREA WELLS MILLER
ET DE
J. KEITH MILLER

Vaincre la dépendance

Traduit de l'américain par Gérard Lebec

Bien-être

Titre original :
FACING CODEPENDENCE
Harper Collins, Publishers, San Francisco

Copyright © 1989 by Pia Mellody, Andrea Wells Miller and J. Keith Miller. All rights reserved.

Pour la traduction française :
© Éditions J'ai lu, 1993

Sommaire

Avant-propos 7
Remerciements 15

PREMIÈRE PARTIE
LES SYMPTÔMES DE LA DÉPENDANCE 21

1. Faire face à la dépendance 23
2. Les cinq symptômes fondamentaux de la dépendance 27
3. Comment les symptômes ruinent notre vie 69

DEUXIÈME PARTIE
LA NATURE DE L'ENFANT 85

4. Un enfant apprécié dans une famille fonctionnelle 87
5. Un enfant estimable dans une famille dysfonctionnelle 101
6. Les ravages émotionnels des abus 121
7. De génération en génération 143

TROISIÈME PARTIE
LES RACINES DE LA DÉPENDANCE 151

8. Affronter les abus 153
9. Défenses contre l'exhumation des traumas 159
10. Les abus physiques 175
11. Abus sexuels 189
12. Abus verbal 211
13. Abus intellectuel 219
14. Abus spirituel 223

QUATRIÈME PARTIE
LE CHEMIN VERS LA GUÉRISON 237

15. La guérison personnelle 239

Avant-propos

Chez certaines personnes, les sentiments de honte, de peur, de souffrance et de colère atteignent un tel degré d'intensité que ces individus vivent plongés dans l'angoisse, le dysfonctionnement psychique. Ces sujets aspirent à faire le bonheur de ceux qui les entourent, déplorent de ne pas toujours y parvenir et souffrent alors d'un complexe d'infériorité.

Il est courant que de tels individus aient des réactions sans commune mesure avec les événements qui les suscitent. Leurs sentiments deviennent excessifs. Confrontés, par exemple, à un fait effrayant, non seulement ils auront peur, mais encore ils seront submergés par la panique ou par une angoisse profonde. Ces crises pourront survenir sans raison apparente. Devant les petites ou les grandes souffrances qui sont notre lot commun, ils réagiront par le découragement, le désespoir, iront même jusqu'à avoir des pensées ou des comportements suicidaires. Que surgisse une situation qui, normalement, devrait se solder par une saine colère, ces sujets sont susceptibles d'entrer dans une rage démesurée. Leur pensée ne l'est pas moins : « Pourquoi me traite-t-on ainsi ? Se rend-on compte du mal que l'on me fait ? » Ils ne peuvent contrôler ces excès émotionnels.

Le pire est que ces crises ont pour détonateur des faits banals : un simple différend avec son conjoint sur le film qu'on a envie de voir ou sur la destination des prochaines vacances. Désespoir ou rage peuvent être déclenchés par la déception d'une entrevue à l'issue de laquelle vous n'avez pas obtenu la place que vous sollicitiez, la tristesse d'avoir un ami qui part s'installer dans une autre ville ou l'irritation que vous a causée le chien du voisin en venant piétiner vos plates-bandes. Chacune de ces expériences va susciter des réactions diverses, mais à coup sûr exemptes de modération. Elles iront de l'expression explosive des sentiments à la douceur mielleuse ou à la totale absence d'émotions (exprimées, du moins). Mais toutes ces réactions apparemment incoercibles nuisent aux rapports relationnels et gâchent la vie quotidienne.

Désormais, nous savons que le stress, le mal vivre permanent ont des répercussions sur la santé physique et peuvent provoquer de la tension artérielle, des troubles cardiaques, de l'arthrite, des migraines, le cancer, etc. Ce facteur psychologique de la dépendance peut donc nuire à notre équilibre et à nos rapports avec les autres.

Il n'en reste pas moins que ces sujets ont la conviction qu'il leur suffirait de tout accomplir « à la perfection » ou de plaire à leur entourage pour voir s'amoindrir — sinon disparaître — ces émotions disproportionnées, incontrôlables et irrationnelles qui les tyrannisent. Ils vivent dans l'illusion que ces impressions pénibles leur seraient épargnées s'ils pouvaient « mieux faire » ou gagner l'approbation de ceux qui comptent à leurs yeux. Ils accordent aussi trop d'importance à cet entourage qu'ils rendent responsable de leur bonheur. A vivre sous le regard des autres, ils leur reprochent leur indifférence. Ils souffrent alors de colères froides qui, faute de s'extérioriser, empruntent les voies détournées du sarcasme, de l'oubli délibéré, de la plaisanterie blessante ou de toute autre forme d'agression passive.

Il n'est pas rare que ces sujets présentent une apparence amicale et serviable. Mais un regard plus attentif révélera chez eux le besoin puissant de contrôler et de manipuler autrui pour obtenir cette approbation qu'ils croient indispensable à leur équilibre. A long terme, hélas, c'est en pure perte qu'ils déploient leurs efforts car aucune des réactions attendues n'est à même de modérer l'intensité de leurs émotions. Et ils finissent par conclure que leur cas est désespéré.

A l'inverse, il existe des sujets similaires chez qui les sentiments sont réduits au minimum. C'est à peine s'ils éprouvent une émotion. Ils ignorent quasiment la peur, la souffrance, la colère, la honte, et sont aussi incapables de connaître la joie, le plaisir, la satisfaction. Ils vivent un jour après l'autre dans l'incapacité de vibrer.

Ce fut le comportement des familles qui attira l'attention des psychologues pratiquant dans des centres de cures pour alcoolisme ou autres drogues. Chaque membre de la famille semblait refuser d'affronter la vérité, allant même jusqu'à culpabiliser de n'avoir su ou pu comprendre la dépendance du malade. De sorte que les membres de cette famille, tant en cas d'abstinence que de rechute, en assumaient la responsabilité, empêchant ainsi l'intéressé de se prendre en charge.

Dépendantes du sujet et de son mal, ces familles entretenaient des symptômes identiques.

Les psychologues découvrirent que ce dysfonctionnement existait non seulement dans les familles d'alcooliques ou de drogués, mais aussi dans de nombreuses familles où n'apparaissait aucun membre pharmaco-dépendant.

Nous pensons, nous, que ces personnes souffrent d'un mal sous-jacent nommé *dépendance*. Peu d'entre elles savent qu'un traitement peut être entrepris pour se débarrasser de ces symptômes.

Symptômes dont l'issue fréquente est le désespoir, voire la mort, bien que le certificat de décès ne mentionne jamais nommément le mal mais parle de suicide, d'«accident», de troubles cardio-vasculaires ou de maladies chroniques, liés à la négligence, au stress et à la colère refoulée, aux états dépressifs que cette dernière entraîne.

Le fait est qu'il s'agit d'un mal particulièrement dur à diagnostiquer de l'extérieur. Ceux qui en souffrent ont tendance à porter un masque et à afficher la réussite pour se protéger du regard d'autrui. Victimes de leurs obsessions, ils sont appelés à connaître des échecs sur le plan personnel et à les vivre de façon douloureuse et occultée.

Certains sont prédisposés à développer une forme d'assuétude, sous-tendue par la dépendance: l'alcool, la drogue, le fanatisme, la boulimie, l'obsession sexuelle, etc.

Au cours des huit dernières années, Pia Mellody a élaboré aux *Meadows*, centre de cure pour les assuétudes situé à Winckenburg, en Arizona, un traitement de la dépendance, mettant personnellement sur la voie de la guérison et du mieux-être des centaines de personnes dont la vie était un enfer. Le but du présent ouvrage n'est pas de fournir des éléments pour un historique détaillé du concept de dépendance ni des arguments en faveur de son admission au rang de pathologie reconnue. Ce que nous avons ici est une description du mal tel que Pia Mellody l'a connu... de l'intérieur, vécu par plusieurs centaines de patients, vécu par elle aussi. (C'est pourquoi, bien qu'il s'agisse d'un travail collectif, Pia Mellody a tenu à ce que ce livre soit écrit à la première personne chaque fois qu'il y est question des formes prises par le mal ou de l'approche du processus de guérison.)

Les conceptions, les méthodes et les approches thérapeutiques sont exprimées ici dans des termes issus de l'expérience personnelle de Pia Mellody en matière de lutte contre la dépendance et non d'une théorie préalable. A vrai dire, il ne s'agit pas d'un ouvrage didactique. L'intention des auteurs est plutôt de : 1) dégager la structure du mal en le montrant à l'œuvre dans la vie et les relations de tous les jours ; 2) mettre en évidence un modèle thérapeutique efficace permettant de traiter les patients souffrant de ces symptômes. A l'intention des lecteurs intéressés par l'histoire et le développement de la notion de dépendance en psychologie, nous donnons à la fin de l'ouvrage un court résumé du problème. Il y a déjà plusieurs années que bon nombre des concepts présentés dans ce livre — le lien entre dépendance et abus à l'égard des enfants, par exemple, ou la description des systèmes-frontières extérieurs et intérieurs — ont été formulés et utilisés pour la première fois par Pia Mellody. Le fait que certains d'entre eux soient désormais pratiqués par les thérapeutes et les patients qui ont suivi ses conférences et écouté les cassettes qu'elle a publiées sous le titre « Le Droit d'être Précieux » est un hommage rendu à sa grande intuition. C'est donc avec plaisir que nous avons travaillé à la présentation de ses idées sur la dépendance et des nôtres.

Nous espérons que, à la lecture de ces pages, ceux que ce mal afflige trouveront la force de l'affronter et d'entamer un processus de guérison. C'est une confrontation similaire avec la dépendance qui, à l'origine, nous a donné la force de la reconnaître et de vouloir nous y soustraire.

Andrea Wells MILLER

J. Keith MILLER

Remerciements

Je tiens à remercier mon mari, Pat, pour son importante contribution à l'élaboration de ces concepts. Celui de frontières, en particulier, vient des longues discussions que nous avons eues sur les idées que sa mère lui a transmises quant aux moyens dont nous disposons pour nous défendre. Par ailleurs, si je suis parvenue à quelque compréhension de ce mal, c'est parce que Pat, à l'origine, a su faire face au processus pathologique tel qu'il se manifestait en moi. C'est également lui qui, en tant que directeur des *Meadows*, m'a permis de développer ces idées au cours d'entretiens avec d'autres dépendants en cure, puis de les enseigner.

Je tiens aussi à remercier les centaines de compagnons dépendants qui m'ont raconté leur histoire, me rapportant sans fard leurs peines et leurs succès. Leur coopération, leurs encouragements et les signes de guérison qu'ils finissaient par montrer m'ont inspirée tout au long de mon entreprise et l'ont motivée.

On ne saurait s'arracher seul à la dépendance. Dans les périodes sombres où je me sens coupée de toute aide humaine, je reste profondément consciente de la secourable présence d'une Puissance Supérieure sans laquelle je serais, à coup sûr, totalement perdue.

Pia Mellody

Les auteurs tiennent à exprimer leur gratitude aux personnes suivantes : Roy Carlisle qui, percevant la portée de l'entreprise, nous a encouragés à la mener à bien, Thomas Grady, dont les conseils d'ordre structurel se sont révélés inestimables, Valerie Bullock, Arlene Carter, Richard D. Grant Jr., Carolyn Huffman, Charles Huffman et Kay Sexton, qui ont accepté de lire les premières ébauches du manuscrit et dont les remarques nous ont aidés à clarifier certains de ces concepts. Nous voulons également remercier David Green auquel est due la comparaison avec la théorie des circuits électriques pour expliquer les mécanismes d'induction de la honte. Pia Mellody et nous-mêmes en ayant assuré seuls la rédaction finale, nulle erreur ou confusion demeurant dans cet ouvrage ne saurait leur être imputée.

Andrea Wells MILLER

J. Keith MILLER

Comment
tout a commencé

Il y a quelques années, en 1977, j'avais un nombre croissant de problèmes relationnels, tant avec ceux qui comptaient à mes yeux qu'avec moi-même. Je vivais dans une agitation permanente, dans la colère et la peur.

A force de me mettre en quatre pour tenter d'être une épouse, une mère, une infirmière et une amie de premier ordre, j'étais au bout du rouleau. Personne ne semblait apprécier, ni même s'apercevoir, que je me tuais pour lui. J'étais la bonne fée méconnue, cela me faisait enrager, mais je semblais n'y pouvoir rien changer ni cesser de m'inquiéter. J'avais peur et je me sentais perpétuellement en retrait, quels que fussent mes efforts pour agir à la perfection. De ne pouvoir atteindre la perfection fit naître en moi une honte de plus en plus grande. Puis, finalement, ma coquille de personne adaptée commença de se craqueler, révélant un bouillonnement de colère dont les éruptions me terrifiaient et consternaient mon entourage. Tout allait de mal en pis. J'étais partagée entre mon angoisse intérieure et la pression du monde extérieur sur moi.

J'étais à deux doigts de ne plus pouvoir contrôler ma vie. Aussi finis-je par entrer en 1979 dans un centre de cure pour me faire soigner de ces symptômes que je sais maintenant être ceux de la dépendance.

J'ai alors constaté que les thérapeutes auxquels je m'étais adressée ne savaient comment m'aider. C'était comme si je leur parlais dans une langue étrangère. Ils semblaient imperméables à la nature et à la gravité de mes symptômes. Le traitement qu'ils me proposaient paraissait n'avoir aucun rapport avec ce que je vivais. J'essayais de leur communiquer ce que je ressentais mais j'avais l'impression de n'être ni comprise ni prise au sérieux. Il me semblait même que ces psychologues me reprochaient mes défaillances. Selon mon point de vue, ils se contentaient d'écarquiller les yeux, ne voyant en moi qu'un personnage ennuyeux. C'était extrêmement frustrant et j'en étais irritée au plus haut point. Sans doute le rationalisme de mon comportement laissait-il à désirer, mais je savais aussi que les thérapeutes ne comprenaient pas vraiment ce qui n'allait pas chez moi.

A cette époque, je travaillais aux *Meadows*, à Wickenburg, en Arizona, un centre de thérapie pour les alcooliques et les drogués. Je connaissais suffisamment mon métier d'aide sociale pour savoir que mes propres thérapeutes ne parvenaient pas à bien traiter mon cas. Mais je ne pouvais aller les trouver pour leur déclarer : « Vous n'abordez pas correctement mon problème. » Ils m'auraient prise pour une folle !

J'étais plus perturbée et dysfonctionnelle que jamais. Je me souviens d'un jour où le directeur des *Meadows* me dit : « Pia, si vous êtes incapable de maîtriser votre colère au cours de nos réunions professionnelles, autant ne plus y assister. »

En clair : « Vous allez perdre votre poste. »

Terrifiée par cette perspective, ce fut à cet instant que je compris que mon existence devenait insupportable et que je devais faire quelque chose. La crainte de perdre mon travail et les résultats négatifs de ma psychanalyse m'incitèrent donc à entreprendre ce voyage au centre de moi-même.

Je manquais de maturité. Je passais constamment d'un extrême à l'autre. Je tentai de me faire comprendre de mes collègues thérapeutes. En vain : nul ne percevait ma détresse. Un autre jour, deux d'entre eux me répondirent avec une telle désinvolture que la colère me submergea. J'eus envie de les battre et quittai la pièce dans un tel état que leur regard me confirma que je me conduisais comme une déséquilibrée.

Néanmoins, une pensée me traversa alors l'esprit : comment les premiers A.A. (Alcooliques Anonymes) s'engagèrent-ils sur la voie de la guérison ?

La réponse surgit aussitôt : nous devons partager nos expériences avec force et espoir. Ainsi, parviendrons-nous à reconnaître le mal dont nous souffrons et à découvrir comment tout a commencé.

Une autre pensée me vint à l'esprit : mes symptômes pouvaient être liés aux abus subis au cours de mon enfance. Je me suis souvenue que d'autres personnes présentaient des symptômes analogues aux miens, pour avoir justement subi des abus. Parmi eux se trouvaient peut-être des dépendants ?

Mes connaissances en psychologie et sur la thérapie que suivaient les A.A. étaient suffisantes pour que je sache qu'une enfance douloureuse peut être à l'origine de toutes les dépendances.

Au cours de mon travail aux *Meadows*, j'avais appris que le mot « abus » a un sens plus large qu'on ne le pense. Il ne se résume pas aux violences physiques, incestes ou autres agressions de cet ordre. Les abus peuvent aussi être d'ordre émotionnel, intellectuel et spirituel. Aujourd'hui, lorsque j'évoque les « abus », j'y inclus toutes les expériences vécues de la naissance à l'adolescence.

Dans mes conférences, j'établis un parallèle entre le terme « manque de maternage » et « abus ».

Je fis venir dans mon bureau toutes les victimes d'abus au cours de leur enfance pour partager leurs expériences. Je pus ainsi étroitement relier ces abus à leurs symptômes apparemment irrationnels, semblables aux miens. Nous étions tous des dépendants.

Nous avons évoqué nos problèmes. Nous nous sommes compris. En quelque sorte, nous parlions *le même langage*. Ce qu'ils me disaient n'était pas du chinois pour moi !

« Que pouvons-nous faire pour surmonter ces crises, pour retrouver un comportement rationnel ? me demandèrent-ils.

— Laissez-moi y réfléchir », ai-je alors répondu.

Ne me sentant pas le droit de leur donner des conseils que moi-même je ne suivrais pas, j'ai décidé que nous commencerions ensemble un traitement identique. Et ce fut ainsi que, cheminant de concert, nous avons découvert que nous allions mieux.

Par la suite, les conseillers ne tardèrent pas à m'avouer qu'après avoir passé du temps à me raconter leur enfance leurs patients suivaient infiniment mieux leur traitement. J'ai donc commencé à rédiger mes suggestions et à noter les résultats.

Plus tard, j'ai compris que les dépendants, qui sont particulièrement sensibles aux problèmes de leur entourage et au désir de l'aider, sont néanmoins impuissants à résoudre les leurs. Je crois donc que c'est en aidant les autres que j'ai réussi à progresser.

Les succès de cette nouvelle façon de traiter les symptômes de la dépendance ont commencé à être connus aux *Meadows*. Beaucoup de patients me furent envoyés, de sorte que n'étant pas encore thérapeute mais seulement aide sociale, je fus rapidement submergée. Le directeur du centre m'accorda la permission d'ouvrir un atelier où je pus discuter des abus de l'enfance et des symptômes de la dépendance chez les adultes.

Tels furent mes débuts dans ce domaine, tant aux *Meadows* que dans différentes villes où j'ai professé. J'ai été surprise par les résultats positifs.

Le concept de ce livre et les conseils thérapeutiques pour se libérer de la dépendance sont la résultante de plusieurs années d'entretiens avec de nombreux patients.

C'est un message d'espoir plutôt qu'une recherche scientifique. A titre personnel, je peux témoigner des dégâts causés par la dépendance. Elle a failli m'anéantir. A plusieurs reprises, j'ai sérieusement songé à mettre fin à mes jours.

La plupart des dépendants ne réalisent pas vraiment à quel point cette maladie affecte leur vie, leurs rapports sociaux, leur bonheur.

Bien que ce mal nous envahisse progressivement, il reste si méconnu que bon nombre de thérapeutes ne savent pas le déceler. Lorsqu'ils en parlent, ils ne sont pas précis sur son origine et la façon de le traiter.

Aussi, dans ce livre, notre objectif est d'en décrire les symptômes le plus clairement possible. Voici les clés que vous trouverez pour vous aider :

- La dépendance chez l'adulte : les cinq symptômes fondamentaux et leurs conséquences.
- Une vision générale de la maladie et ses effets. Son origine. Comment elle se développe et détruit notre vie. De quelle façon nous la transmettons à nos enfants.
- Une description de la nature de l'enfant. Comment il évoluera selon qu'il a reçu une éducation fonctionnelle ou dysfonctionnelle.
- L'énumération des divers abus susceptibles de

transformer les sentiments de l'enfant. (Douleur refoulée ou excessive, sensations le faisant passer d'un extrême à l'autre.)
- Comment la conduite dysfonctionnelle des parents à l'égard de leurs enfants fait de ceux-ci des adultes dépendants.
- Une information sur la façon dont les dépendants peuvent se libérer de la dépendance.

Affronter la dépendance exige du courage. Submergés par la peur, la colère, le chagrin, la honte et le désespoir, beaucoup d'entre nous ont vécu une vie misérable pendant des années de par leur conduite de dépendants. La *seule* façon que j'aie trouvée pour nous en libérer est d'encourager les sujets à suivre le processus décrit dans cet ouvrage. A chaque patient que je traite, je répète : Le secret de votre guérison, c'est d'apprendre à retracer votre propre histoire. Regardez-la, prenez-en conscience, explorez tous les sentiments que vous inspire votre passé et tous les instants où vous avez manqué de maternage. Si vous y renoncez, vous serez la victime de vos propres démons. Et j'ajoute : Chassez vos démons si vous ne voulez pas qu'ils vous dévorent !

Ce livre est destiné à vous donner le courage de trouver votre propre identité et de vous conduire ainsi sur la route de la liberté.

Pia MELLODY

Les exemples présentés dans cet ouvrage sont tirés de cas réels. Les noms et les détails ont été changés pour protéger l'identité des personnes concernées.

PREMIÈRE PARTIE

Les symptômes de la dépendance

1

Faire face à la dépendance

Un nombre croissant de personnes ont reconnu en elles les symptômes décrits dans les pages qui vont suivre. Ces personnes ont commencé à vouloir changer, comprendre ces altérations et se guérir des douloureuses répercussions d'une enfance passée dans une famille en proie au dysfonctionnement.

Si vous en faites partie, je tiens à vous offrir les plus grands espoirs. La première grande étape dans la modification et le règlement de ces altérations psychiques est de reconnaître que ce mal est en vous. L'un des buts de ce livre est de décrire quels sont ces symptômes, d'où ils viennent et comment ils gâchent notre existence, de sorte que vous puissiez identifier la dépendance dans votre vie.

Cette maladie et ses liens avec diverses formes de violence sur les enfants est un sujet complexe. Pour avoir vécu des expériences dysfonctionnelles durant l'enfance, un adulte dépendant perd la capacité d'être un individu mûr apte à vivre à part entière. Deux facteurs clés reflètent la dépendance : le rapport avec soi et le rapport avec les autres. Le rapport avec soi est, à mon avis, le plus important car, si l'on s'aime et que l'on se respecte, l'on peut aimer et respecter les autres.

On a beaucoup écrit sur la dépendance ces dernières années, sur les symptômes et les caractéristiques de cette maladie. Dans l'exercice de ma profession, j'ai été amenée à voir cinq symptômes fondamentaux.

Les dépendants ont des difficultés à :

1. S'estimer à leur juste valeur.
2. Établir des frontières fonctionnelles.
3. Reconnaître et exprimer leur propre identité.
4. Assumer leurs besoins et leurs désirs d'adultes.
5. Vivre et exprimer leur réalité avec modération.

D'où vient le mal ?

J'en suis venue à penser que les structures familiales dysfonctionnelles et sous-développantes créent des enfants voués à un avenir d'adultes dépendants. La fausse idée qu'il existe une forme d'éducation « normale » contribue à la difficulté de faire face à la dépendance. Un examen plus approfondi de l'éducation traditionnelle révèle qu'elle inclut certaines pratiques susceptibles d'entraver la croissance et le développement des enfants et conduisant à la dépendance. En réalité, ce que nous avons tendance à nommer normal en la matière est très souvent préjudiciable à leur développement : il s'agit d'abus d'autorité et d'une éducation approximative.

Certains pensent, par exemple, qu'une éducation normale inclut les sévices corporels, les injures humiliantes, la pratique du naturisme devant un enfant d'âge tendre. Ou bien, ils trouvent normal de le laisser affronter seul situations et problèmes, plutôt que de le guider. Certains parents négligent également de doter leurs enfants d'une hygiène de base (l'habitude du bain, respecter son corps et son apparence, utiliser des déodorants, se brosser les dents, changer souvent de vêtements).

D'autres estiment que sans une éducation rigide et des châtiments exemplaires, l'enfant est voué à la délinquance ou à la drogue. Certains parents refusent de reconnaître qu'ils ont injustement donné une punition, sous prétexte qu'ils risqueraient de perdre leur autorité.

Parfois, inconsciemment, pensées et sentiments enfantins ne sont pas pris en compte à cause de leur immaturité. On inculque aux enfants des idées reçues sans la moindre explication : « Tu ne dois pas penser comme ça » ou : « Tu vas aller te coucher, et tant pis si tu n'en as pas envie, parce que c'est bon pour toi ! »

A l'inverse, d'autres parents protègent trop leurs enfants et les empêchent ainsi d'assumer les conséquences de leurs actes traumatisants ou dysfonctionnels. De tels parents sont souvent très intimes avec leurs enfants, les prennent pour confidents et partagent avec eux des secrets dépassant leur niveau de compréhension. C'est en quelque sorte les violenter.

Bon nombre d'entre nous, ayant expérimenté ce genre d'éducation, grandissent dans l'illusion qu'il ne leur est rien arrivé d'anormal. Ceux qui avaient charge de nous former nous ont encouragés à croire que nos problèmes naissent de notre ignorance face aux événements. Ainsi, bon nombre d'entre nous atteignent l'âge adulte perturbés par des sentiments contradictoires et avec une vision déformée de leur vécu familial. Nous restons convaincus que notre famille s'est correctement comportée envers nous, et que nous avions de « bons » parents. Il était évident que nous ne pouvions leur plaire de par nos défauts innés. Croire que l'abus était normal et que nous avions tort nous enferme dans la dépendance sans moyen d'en sortir.

Identifier le mal

Pour débuter ce voyage vers la guérison, chacun de nous doit reconnaître les cinq symptômes fondamentaux de la dépendance, leurs insurmontables conséquences dans sa vie et commencer à reconstruire son histoire personnelle sur la façon dont ces symptômes ont surgi. Les affronter et les identifier semble être la seule méthode que les dépendants puissent appliquer pour changer leurs pensées, leurs émotions et leurs comportements néfastes.

La plupart d'entre nous traversent une période de confusion et de pénible déception en découvrant ces symptômes. Cet instant douloureux de la cure ne dure qu'un temps mais il est nécessaire pour que nous trouvions ensuite la paix et la sérénité dans une existence plus saine. Il nous faut cesser de nier notre dépendance et prendre nos responsabilités. Après un laps de temps, reconnaître la dépendance et lui faire face devient moins dur et moins perturbant. La première étape consiste à identifier notre mal et à travailler sur nous-mêmes pour évacuer les effets dévastateurs de l'enfance et de notre vie présente.

Dans le chapitre suivant, nous étudierons l'origine de ces cinq symptômes et la place qu'ils tiennent dans notre vie de dépendants.

2

Les cinq symptômes fondamentaux de la dépendance

Premier symptôme : difficulté à s'estimer à sa juste valeur

Le respect de soi est la prise de conscience de ses propres valeurs. Elle vient du tréfonds de l'individu et s'ouvre sur les relations extérieures. Les sujets sains savent ce qu'ils valent même quand ils sont dans l'erreur ou confrontés à la hargne, à la trahison, au mensonge ou au dédain. Cette juste notion de soi perdure même si le coiffeur vous a massacré, ou que vous avez pris du poids, perdu au tennis, périclité en affaires, été insulté ou calomnié. Les sujets sains peuvent éprouver dans ces circonstances toute une gamme d'autres émotions telles que la culpabilité, la peur, la colère ou le chagrin mais ils conservent leur intégrité personnelle.

L'opinion que les dépendants ont d'eux-mêmes passe d'un extrême à l'autre : elle se traduit par un complexe d'infériorité ou par un complexe de supériorité, voire de la mégalomanie.

D'où vient le complexe d'infériorité ?

Les enfants acquièrent le respect de soi auprès de ceux qui les élèvent. Mais les familles dysfonctionnelles donnent à leurs enfants, verbalement ou non, le sentiment qu'ils sont inférieurs, et leur avis influe sur l'opinion que l'enfant a de lui-même. A l'âge adulte, il devient presque impossible de se défaire de ces années de formation et de prendre conscience de sa propre valeur.

D'où viennent l'arrogance et la folie des grandeurs ?

Cette forme de mégalomanie naît de deux situations distinctes. Primo, l'entourage familial incite les enfants à chercher la faute chez les autres. Les enfants apprennent ainsi à considérer les autres comme des êtres inférieurs. Mais, bien que critiqués aussi par leurs éducateurs, ils reportent sur eux le jugement qu'ils ont sur les autres.

Par ailleurs, certaines structures familiales dysfonctionnelles affirment carrément à leurs enfants qu'ils sont *supérieurs* aux autres. Avec une impression de pouvoir. On baisse les bras devant leurs bêtises, ils échappent aux corrections. Personne ne leur souligne leurs propres imperfections. Ce genre de comportement est connu sous le nom d'abus « par remise des pleins pouvoirs » : ces enfants en retirent un sentiment erroné de supériorité.

Le regard des autres

Si les dépendants ont quelque conscience de leur propre valeur, il ne s'agit pas d'autoconsidération. Ils vivent sous le regard des autres et ne se préoccupent que de leur image de marque. Soit :

- Leur apparence.
- Leur situation financière.
- Leurs relations.
- La marque de leur voiture.
- Leur profession.
- La réussite de leurs enfants.
- Le pouvoir, la position sociale ou la séduction de leur conjoint.
- Leurs diplômes.
- Leur réussite dans des activités qui ont une importance aux yeux d'autrui.

Il n'y a pas de mal à tirer satisfaction de ces choses, mais cela n'a rien à voir avec le respect de soi dans la mesure où le sujet se juge en fonction des opinions et du comportement d'autrui. Le problème, c'est que la source de cette considération est extérieure et susceptible de se modifier et d'échapper à tout contrôle. Que l'on puisse perdre à tout instant cette source externe de valorisation la rend fragile et peu fiable.

Exemple:

J'ai quatre enfants. Si l'un d'eux échoue dans un domaine quelconque, ma vie risque de basculer. Si ma propre valeur n'a pour assise que le succès, je pratique cette forme extérieure de considération. La plupart des dépendants fonctionnent ainsi.

Comment se manifeste la difficulté à s'estimer à sa juste valeur ?

Frank est un richissime architecte de quarante-cinq ans qui n'a jamais appris à s'estimer de l'intérieur. En conséquence, c'est à l'extérieur qu'il a cherché à se valoriser. Sa forme de considération repose essentiellement sur le fait qu'il a beaucoup d'argent et une grande influence. Quand Frank a vu disparaître sa fortune dans un effondrement du marché immobilier, il a perdu du même coup tout sens de sa valeur personnelle. Profondément déprimé, Frank est entré en cure, convaincu d'avoir perdu toute valeur, sans argent ni pouvoir. N'ayant jamais éprouvé un authentique respect de soi, il s'est senti dépossédé et inutile.

James, juriste fortuné, déjà en traitement à l'arrivée de Frank, n'avait pas fait faillite. Bien que se croyant capable d'authentique autoconsidération, il faisait également reposer sa valeur sur l'argent. J'eus beau lui expliquer que l'expérience de l'authentique autoconsidération est intérieure, et qu'elle l'est parce que, à l'origine, nous avons été considérés par nos parents pour ce que nous étions et non pour ce que nous faisions, James ne comprenait toujours pas que l'argent le maintenait dans l'illusion sur la source de cette considération. James était donc dans une position encore plus délicate que celle de Frank qui pouvait toucher du doigt son absence d'autoconsidération, l'identifier. Aussi longtemps que James serait nanti pécuniairement, il ne parviendrait pas à reconnaître son problème. Aussi cette piètre estime de soi se manifestait-elle inconsciemment dans ses relations avec ses proches.

La fortune est l'une des plus puissantes expériences de l'extérieur vers l'intérieur pour masquer l'insécurité individuelle et le dénigrement de soi. Bien que sa vie soit un martyre, n'ayant pas décelé cette absence d'autoconsidération, il ne peut affronter sa dépendance.

Liza est une mère de famille de quarante-deux ans qui s'estime en fonction de ses enfants. Si l'un d'entre eux a des ennuis, elle perd tout sens de sa propre valeur. Quand Buddy, son fils de vingt ans, fut arrêté pour trafic de drogue et jeté en prison, Liza réagit par la colère, ayant l'impression que son fils lui déniait le « respect » d'autrui. Elle se considère maintenant comme la mère d'un « gibier de potence » et s'est présentée au centre de cure avec le sentiment de valoir « moins » que les autres à cause des problèmes de son fils.

Second symptôme fondamental : difficulté à établir des frontières fonctionnelles

Les frontières sont des barrières invisibles qui répondent à trois buts : 1) empêcher autrui de pénétrer dans notre espace pour y commettre des violences ; 2) prévenir notre propre intrusion dans l'espace d'autrui, les abus que nous y pourrions commettre ; 3) donner à chacun de nous le moyen de prouver « qui nous sommes ». Les structures-frontières sont extérieures et intérieures.

Nos frontières extérieures nous permettent d'établir une distance avec les autres, de leur donner ou non l'autorisation de s'approcher de nous. Elles nous empêchent également d'approcher d'autrui. Ces frontières se divisent elles-mêmes en deux parties : physique et sexuelle. Sur le plan physique, nos frontières extérieures contrôlent ce que nous tolérons des autres ainsi que la permission de nous approcher ou non. Si nos frontières extérieures sont intactes, nous savons aussi demander aux autres la permission de nous approcher d'eux et prenons soin de ne pas nous tenir trop près au point de les gêner. Pareillement, notre frontière sexuelle contrôle la distance et le contact.

Je me représente mes frontières extérieures comme une sorte de cloche qui m'englobe et dont je puis régler la distance. Je me les représente aussi comme un gilet pare-balles pourvu de guichets qui ne s'ouvrent que vers l'intérieur et dont je contrôle totalement l'ouverture ou la fermeture. Ainsi, par cette métaphore, je peux consciemment me protéger contre les comportements, les paroles ou les sentiments abusifs des autres.

Une personne dénuée de frontières ne peut être consciente des frontières d'autrui, ni même les sentir. Nous la désignerons par le terme d'offenseur si, violant les frontières d'autrui, elle en tire parti. Un offenseur majeur commet des violences caractérisées, comme de battre ou d'agresser sexuellement son entourage (conjoint, enfants, relations).

Avec des frontières extérieures et intérieures intactes et flexibles, on reste capable d'intimité dans sa vie quand on en fait le choix tout en étant protégé contre les abus physiques, sexuels, psychologiques, intellectuels ou spirituels (à moins d'être confronté à un offenseur majeur plus puissant que soi).

SYSTÈME-FRONTIÈRES INTACT

Protection et vulnérabilité

Les tentatives d'abus par des offenseurs majeurs sont aisément repérables, du moins par les victimes et les témoins présents, mais d'autres atteintes mineures aux systèmes-frontières peuvent être moins évidentes.

Par exemple, Marion entre à l'église pour assister à une réunion paroissiale et Josie se rue sur elle, bras ouverts, pour la serrer contre elle. Marion a un mouvement de recul, tend la main, indique sa préférence pour une forme moins démonstrative de salut et dit : « Ça me fait plaisir de te voir, Josie. » Mais Josie ignore — ne voit pas même peut-être — le pas en arrière et la main tendue de son amie. Elle achève son mouvement, prend Marion dans ses bras sans lui en avoir demandé la permission et s'exclame : « Oh, Marion, comme c'est chouette de te voir ! » Josie vient de violer la frontière extérieure de Marion.

Un autre exemple nous est donné par Charlotte qui rentre chez elle du travail — exténuée et furieuse à cause d'un problème au bureau — et qui trouve Janice en peignoir dans le living en train de regarder la télévision. « Tu sais très bien que ça m'exaspère de te voir traîner en peignoir dans le living. Si tu avais fait l'effort de t'habiller, je ne serais pas en colère. » Charlotte vient de manifester une absence de frontières intérieures en faisant porter à Janice l'origine d'une mauvaise humeur dont celle-ci n'est pas responsable.

Parmi les comportements offensants soulignant une absence de frontières extérieures, s'inscrivent l'insistance sexuelle lorsque l'on a été repoussé, l'abus d'approcher d'autrui sans en avoir reçu l'autorisation, l'usage du sarcasme pour blesser ou amoindrir autrui, les reproches qu'on lui adresse pour ce que nous sentons, pensons, faisons ou ne faisons pas, et la conviction d'être à l'origine de ce qu'il sent, pense, fait ou ne fait pas. Il existe, bien sûr, bon nombre d'autres pratiques irrespectueuses qui empiètent sur l'idée que les autres ont de ce qu'ils sont, font ou ne font pas.

Les frontières doivent faire l'objet d'un enseignement

Les très jeunes enfants n'ont pas de frontières ni aucun moyen intérieur d'empêcher une agression ou de s'empêcher d'agresser autrui. Les parents ont à protéger leurs enfants contre les violences dont ceux-ci pourraient être victimes (de leur part, surtout), et aussi à s'opposer avec respect aux propres violences des enfants. C'est grâce à cette alternance de protection et d'affrontement dans l'attitude parentale que les enfants finissent par avoir à l'âge adulte de saines frontières, fermes mais flexibles. Quatre types d'altérations résultent de l'expérience d'une éducation « moins-que-formatrice » : 1) pas de frontières ; 2) des frontières endommagées ; 3) des murs au lieu de frontières ; 4) une continuelle alternance entre murs et absence de frontières.

FRONTIÈRES INEXISTANTES

Pas de protection

Les sujets aux frontières inexistantes n'ont pas la sensation d'être victimes ou coupables d'abus. Ils peuvent avoir du mal à dire non ou à se protéger, ils peuvent laisser les autres profiter d'eux physiquement, sexuellement, psychologiquement ou intellectuellement sans avoir clairement conscience qu'ils ont le droit de dire : « Arrête. Je ne veux pas qu'on me touche », ou : « Je ne suis pas responsable de tes sentiments, de tes pensées ou de ton comportement. »

Un dépendant sans frontières manque non seulement de structures protectrices mais aussi de la simple faculté de reconnaître à autrui le droit d'établir des frontières. De ce fait, un dépendant aux frontières inexistantes empiète sur l'espace des autres sans avoir conscience de faire un acte inconvenant.

Victimes ou offenseurs, ces dépendants ont tous le même problème, à ceci près que les victimes subissent l'abus et que les offenseurs le commettent. A long terme, ni les uns ni les autres ne peuvent s'opposer à ce comportement par le biais de leur volonté. Ceux qui ont des frontières intactes ou saines ne peuvent imaginer que des adultes « mûrs » soient incapables de mettre un terme à leur comportement abusif ou à leur faiblesse devant le comportement abusif d'autrui, et n'ont que peu de compassion pour qui est prisonnier de la torture de la dépendance.

SYSTÈME-FRONTIÈRES ENDOMMAGÉ

Protection partielle

Un système-frontières endommagé comporte des « trous ». Les individus qui ont des frontières endommagées peuvent à certains moments ou avec certaines personnes dire non, imposer des limites et s'occuper d'eux-mêmes. Mais à d'autres moments ou avec d'autres personnes, se révéler incapables d'établir des frontières. Pour ces sujets, la protection ne joue qu'à temps partiel. On peut être en mesure, par exemple, d'imposer des frontières avec tout le monde sauf avec des êtres autoritaires, son conjoint ou sa conjointe, tel ou tel de ses enfants. Parfois, cette faculté disparaît quand on est fatigué, malade ou effrayé.

De surcroît, ceux qui ont des frontières endommagées ne sont que partiellement conscients des frontières d'autrui. Avec certaines personnes ou dans certaines circonstances, ils peuvent se transformer en offenseurs, empiéter sur la vie de l'autre, tenter de la contrôler ou de la manipuler. Une femme est ainsi susceptible de se mêler du mariage de sa nièce après avoir décidé que la mère de la jeune fille ne s'en occupe pas « comme il faut », alors qu'il ne viendrait pas à l'esprit de cette même femme d'agir de même s'il s'agissait de la fille de sa meilleure amie. Avec des frontières endommagées, on s'estime parfois responsable des sentiments, des pensées ou des actes d'autrui, de même qu'une épouse se sentira coupable et honteuse parce que son mari a insulté quelqu'un au cours d'une réception. A moins de déceler dans certaines circonstances (fatigue, maladie ou peur) l'effondrement des frontières ordinairement saines d'une personne. Telle cette mère qui, dans ses relations avec sa fille de dix-sept ans, a toujours maintenu d'excellentes frontières intérieures, la laissant prendre ses propres décisions et en assumer les conséquences, en arrive, après une semaine exténuante de remplacements à l'école, de préparation des cookies pour la kermesse paroissiale et de courses pour les voisins qui ont un décès dans la famille, à se reprocher que son aînée de vingt-quatre ans ait décidé de plaquer son petit ami et qu'elle en soit malheureuse.

MURS EN GUISE DE FRONTIÈRES

Protection totale mais pas d'intimité

A la place des frontières, on rencontre parfois *un système de murs* constitué le plus souvent soit de colère, soit de peur. Ceux qui usent d'un mur de colère délivrent (verbalement ou non) ce message : « Si vous approchez de moi ou si vous dites quoi que ce soit sur tel ou tel sujet, j'explose ! Je risque de vous injurier ou même de vous frapper. Attention ! » Les autres ont alors trop peur de déclencher la tourmente pour approcher.

Ceux qui usent d'un mur de peur se retranchent

derrière pour s'y tenir à l'abri d'autrui. Ces gens ne vont jamais dans des soirées, ne s'attardent pas après une réunion pour bavarder. Si ce type de sujet est forcé de se joindre à un groupe, il dégage un champ énergétique de peur qui délivre ce message : « N'approchez pas ou je me désintègre. Je suis si fragile et si terrifié que je ne pourrai pas supporter le contact avec quiconque. » Si les autres dépendants du type victime perçoivent ce message et se tiennent à distance, un offenseur se trouve aussi sûrement attiré par une telle personne qu'un taureau par les mouvements de la muleta. Ce mur de peur ne constitue en aucun cas une mesure de protection efficace contre des offenseurs.

Il existe deux autres types de murs : le mur du silence et le mur de paroles. Qui utilise le mur du silence finit par se taire et n'émet pas de champ d'énergie émotive comme ceux qui ont recours à la peur ou à la colère. Cette personne se fond simplement dans le décor et se contente d'observer ce qui se passe dans la pièce plutôt que d'y participer. De son côté, qui se sert d'un mur de paroles continue le plus souvent de parler alors même que, poliment, quelqu'un essaie de contribuer à la conversation en faisant un commentaire ou en changeant de sujet.

Il est aussi très commun que des gens se déplacent d'un type de mur à l'autre, passant de la colère à la peur, des paroles au silence, et ce d'un instant à l'autre et en restant invulnérables derrière ces remparts.

PASSER DE FRONTIÈRES INEXISTANTES À DES MURS ET VICE VERSA

Aller-retour entre protection totale
et pas de protection

Passer de frontières inexistantes à des murs et vice versa, se produit avant tout quand un dépendant qui se sert de murs se risque hors de cet abri. Dénué de frontières, un tel sujet s'aperçoit soudain qu'il est vulnérable et sans défense. Or, vivre sans frontières est source de souffrance, que l'on soit en présence d'un véritable offenseur ou simplement de quelqu'un qui assume sa vie (et qui peut vous paraître froid ou distant pour vous qui n'avez pas de frontières). Le dépendant ainsi exposé fait l'expérience de cette souffrance et se retire aussitôt derrière le premier mur disponible : colère, peur, silence ou paroles. Le problème est que même si ces murs vous offrent une protection solide, ils ne laissent aucune place pour l'intimité et accentuent la solitude du dépendant.

D'où viennent les frontières dysfonctionnelles ?

Les dépendants héritent les frontières de leurs parents. Ces dernières sont-elles inexistantes que les enfants non plus n'en développent pas. Sont-elles endommagées que celles de leurs enfants présentent généralement les mêmes défaillances. Une épouse qui n'a pas de bonnes frontières avec son mari aura presque toujours un fils ou une fille incapables de garder des frontières fonctionnelles intactes avec leur conjoint. Si l'un des parents a des murs et l'autre une pure et simple absence de frontières, il est fort probable que leur enfant deviendra un adulte qui oscillera entre ces deux tendances.

Comment se présente la difficulté d'établir des frontières fonctionnelles ?

La description de Josie sautant au cou de Marion alors que celle-ci a clairement manifesté se préférence pour une poignée de main, est un bon exemple du manque de frontières physiques extérieures de Josie.

Frank, qui est dénué de frontières intérieures, vit dans une tourmente perpétuelle. Il y a une semaine, sa femme lui a demandé de les emmener, elle et les enfants, au parc local pour le pique-nique organisé par le voisinage à l'occasion de la Fête nationale. Deux jours plus tard, sa mère l'invite à un barbecue chez elle à cent cinquante kilomètres de là en lui disant d'amener sa famille pour qu'elle puisse voir ses petits-enfants. Aucune des deux femmes n'est au courant des projets de l'autre.

En l'absence de toute frontière intérieure, Frank est incapable de prendre ses responsabilités quant à ce qu'il voudrait faire. Il est en colère, il a peur et en veut à sa femme et à sa mère qui l'ont plongé dans ce dilemme, quoi qu'elles soient l'une comme l'autre inconscientes du problème. Frank croit être voué, quoi qu'il décide, à s'attirer la colère de l'une d'elles. Durant une semaine, il est en proie à de terribles souffrances intérieures et n'arrive toujours pas à prendre une décision. Au matin du 4 Juillet, il finit par demander à sa femme et à ses enfants de l'accompagner chez sa mère pour le barbecue, comptant sur leur compréhension et sur leur soutien. Mais son épouse le prend mal parce qu'elle a passé toute la semaine à projeter ce pique-nique et à le préparer. Les enfants ont hâte de voir leurs copains, et de cette modification de dernière minute ne peut résulter qu'un surcroît de tension pour les aider à surmonter leur déception. Frank se sent coupable, mais au lieu de reconnaître que son indécision a créé un problème entre lui et sa femme, il se décharge de sa propre culpabilité sur celle-ci, convaincu que si elle était plus souple et compréhensive, ils n'auraient pas cette querelle. En raison de son manque de frontières intérieures, Frank n'a pas la faculté de distinguer ce qui est à sa charge et ce qui est à celle d'autrui. Il rend son entourage responsable de situations qui ne regardent que lui. En revanche, il se rend responsable d'événements qui ne le concernent pas. Dans ce cas précis, Frank se serait estimé responsable du chagrin et de la colère qu'il aurait suscités chez son épouse ou chez sa mère s'il avait imposé à l'une et à l'autre sa propre décision.

Don a une frontière sexuelle endommagée. Avec d'autres femmes que son épouse, Brenda, son comportement sexuel est correct. Mais avec Brenda, sa frontière sexuelle n'est plus opérationnelle et il insiste souvent pour faire l'amour même si elle a déjà exprimé son refus. Sourd à ses protestations, il l'assaille de caresses intimes. Il discute et ronchonne sans jamais se rendre compte que Brenda a parfaitement le droit de se refuser et d'être fâchée et blessée de ce manque de compréhension. Si Brenda est également dénuée de frontières, elle va probablement réprimer sa colère et subir cet acte non désiré, avec le sentiment d'être un objet. Si ses frontières sont solides et qu'elle refuse de céder, Don risque de réagir en la punissant de quelque manière, par la bouderie, le silence ou l'hostilité. Bien que des comportements comme celui de Don à l'égard de son épouse ne soient généralement pas tenus pour « offensants » ou abusifs dans notre civilisation, ils n'en sont pas moins ceux d'un dépendant offenseur aux frontières endommagées.

Jil a des frontières intérieures endommagées en présence des hommes avec lesquels elle sort. Avec ses collègues de travail, dans sa famille et avec ses amis, ses frontières fonctionnelles sont opérationnelles. Elle sait très bien ce qu'elle pense et sent, et elle n'a aucune difficulté à prendre une décision. Mais quand elle sort avec un homme, elle perd « comme par enchantement » ces facultés et vit dans la hantise que son compagnon du moment n'approuve ni ses opinions, ni ses sentiments, ni son comportement. Rien que pour lui plaire, elle consent à faire des concessions qu'elle refuserait autrement. Passer par exemple son samedi sous un soleil écrasant dans la poussière d'un rodéo et pousser des cris enthousiastes, alors qu'en fait elle s'ennuie, incommodée par l'odeur et la chaleur. Si son compagnon semble déprimé ou grognon, elle s'en fait immédiatement le reproche et cherche avec frénésie ce qu'elle a pu faire ou dire pour le mettre dans cet état. De par ses frontières endommagées, sortir avec un homme est pour cette femme par ailleurs fonctionnelle une atroce et perturbante expérience.

Maureen occupe un haut poste de responsabilité dans une banque. C'est une femme séduisante, mais dont le visage porte en permanence une expression dure que son entourage interprète comme une colère rentrée. Sa secrétaire redoute de s'entendre convoquer dans le bureau de sa patronne et elle limite au maximum ses commentaires pour écourter l'épreuve. Quand Maureen pénètre dans la salle de conférences pour une réunion de travail, personne ne prend de ses nouvelles. Elle est perçue comme étant irritable et difficile à contenter. Efficace dans l'exercice de ses fonctions, Maureen compte peu d'amis au bureau. Célibataire, elle ne sort presque jamais et meuble ses loisirs en regardant les grands classiques du 7e art sur son magnétoscope ou en assistant seule à des concerts de l'orchestre symphonique local. Elle fait aussi de longues promenades solitaires au bord de la rivière longeant la ferme de ses parents en dehors de la ville. Bref, Maureen se sert d'un mur de colère en guise de frontières extérieures et intérieures pour tenir les gens à distance physiquement et psychologiquement. Mais elle est profondément seule.

Kitty, mince jeune femme au teint pâle, tient les fourneaux dans un fast-food. Elle est nerveuse et timide à l'extrême. De temps à autre, elle et son amie Fran vont au cinéma ensemble. Kitty aime bien Fran mais c'est à peine si elle répond à ses commentaires, la regarde dans les yeux ou participe de son propre chef à la conversation. Quand Fran lui dit qu'elle est jolie dans son nouvel ensemble, elle rougit et ne sait plus quoi dire. Un soir, après le cinéma, Fran est d'humeur loquace et propose à Kitty d'aller prendre un verre. Pendant que Fran parle, Kitty commence à penser : « Oh non ! Qu'est-ce que je vais pouvoir dire ? Qu'est-ce qui va se passer si je la laisse parler seule ? Je ne sais jamais quoi répondre ! Je ne vois pas quel plaisir Fran peut prendre à notre relation. » Plongée dans ses doutes, à peine écoute-t-elle les confidences de sa compagne. La soirée se termine et Kitty n'en sait pas plus sur Fran qu'auparavant. Frustrée, Fran a fini par se taire. Pour tenir émotionnellement et intellectuellement Fran à saine distance, Kitty a interposé un mur de peur au lieu d'une frontière intérieure.

Ceux qui érigent des murs de peur préfèrent rester seuls chez eux plutôt que de fréquenter des gens dont ils apprécient pourtant la compagnie. On les voit systématiquement décliner des invitations, voire des demandes en mariage venant de personnes aimées, par crainte qu'autrui ne franchisse leurs barrières défensives et n'exerce des violences à leur égard. De tels refus peuvent être exprimés avec hargne ou brusquerie, en termes définitifs qui consternent tant ceux qui les profèrent que ceux qui les reçoivent.

Ces murs de colère, de peur ou de silence remplacent les frontières extérieures pour tenir l'entourage à distance, mais aussi les frontières intérieures pour ne pas se livrer et partager les sentiments des autres.

Troisième symptôme fondamental : difficultés à reconnaître sa propre identité

Les dépendants avouent souvent ne pas savoir qui ils sont. Je pense qu'il s'agit d'une incapacité de reconnaître la réalité de chacun. C'est-à-dire de s'identifier.

Quatre éléments déterminent notre identité :

- *Le corps physique :* son apparence et la façon dont il fonctionne.
- *Le mental :* ou façon dont nous gérons la pensée.
- *Les sentiments :* nos émotions.

- *Le comportement :* ce que nous faisons ou ne faisons pas.

Ces quatre éléments existentiels déterminent notre identité telle que je la conçois. Nos fonctions nous appartiennent en propre. Chacun de nous est un être *unique*.

Les dépendants éprouvent des difficultés dans ces quatre domaines :

- *Le corps physique :* difficulté à se voir tel qu'on est et à prendre conscience de ses fonctions physiques.
- *Le mental :* difficulté à émettre, à recevoir et à partager les pensées. Tendance à mal les interpréter.
- *Les sentiments :* difficulté à gérer les émotions. Extrémisme.
- *Le comportement :* difficulté à prendre conscience de ses actes. En cas d'une prise de conscience, difficulté à mesurer l'impact sur l'entourage.

N'être pas à même de reconnaître sa propre réalité se vit à deux niveaux : A et B. Au niveau A, le moins dysfonctionnel, *je connais ma réalité mais je n'en dis rien*. Je la dissimule à autrui par peur d'être inacceptable.

Au niveau B, nettement plus dysfonctionnel, *j'ignore purement et simplement quelle est ma réalité*. Être au niveau B, c'est vivre dans l'illusion (puisque aucune expérience solide ne vient me dire quelle est ma réalité). Je suis alors obligée de me construire, de me fabriquer une identité à partir de l'image que je veux offrir.

D'où vient la difficulté à reconnaître notre propre identité ?

Les enfants qui vivent dans des structures familiales où ils sont ignorés, agressés, frustrés de leur identité apprennent qu'il n'est ni prudent ni convenable de l'exprimer.

Joe garde en mémoire un incident survenu alors qu'il avait quatre ou cinq ans. En larmes, il était allé se réfugier dans les jupes de sa mère qui faisait la vaisselle et, malgré ses sanglots, il n'avait pas réussi à attirer son attention. Il s'était alors tourné vers son père, qui l'avait giflé. Adulte, Joe a maintenant beaucoup de mal à avouer toute souffrance.

J'ai une amie qui m'a expliqué que lorsque elle et ses frères et sœurs avaient besoin de quelque chose et l'exprimaient, le plus souvent par des pleurs, leur mère quittait la pièce en disant : « Je ne peux plus vous supporter. Vous allez me rendre folle. Je sors pour ne plus vous entendre pleurer. » Mon amie apprit ainsi qu'exprimer son identité s'ouvrait sur un abandon. D'autres formes psychologiquement plus subtiles d'abandon aboutissent à des résultats non moins dysfonctionnels.

Je crois que la pire expérience pour un enfant est de se voir refuser sa « réalité ». Je vais citer l'exemple d'une terrible scène de ménage entre Fred et Cindy. Fred injurie vulgairement Cindy qui s'empare d'un vase de cristal et le lui jette à la tête. Le vase manque sa cible et va s'écraser contre le mur. Leur fille de huit ans, Molly, réveillée par le bruit, se tient en spectatrice sur le seuil du living. Dans le silence qui suit la retombée du bris de verre, elle dit d'une petite voix noyée de larmes : « J'ai peur. C'est affreux. Papa, tu as crié de vilains mots à maman, et toi, maman, tu as cassé ce joli vase auquel tu tenais. »

Cindy se tourne vers sa fille et répond : « Tu es folle, Molly. Ton papa ne m'a rien dit de mal et tu n'as aucune raison d'avoir peur. D'ailleurs, ce vase n'avait rien de spécial. Si tu trouves que c'est affreux, dis-toi que tu te trompes. Ton papa et moi n'avons qu'une petite dispute. »

Et Fred de renchérir : « C'est vrai, Molly. Maintenant, arrête de nous espionner et retourne te coucher. Tu ne devrais pas être debout à une heure pareille. »

Sur ce, Molly se dit : *J'ai eu l'impression que c'était affreux et ils m'assurent que tout était normal. Je dois donc être folle.*

A mon sens, il s'agit là d'un abus majeur, susceptible de nuire à l'identité de Molly et de semer le doute dans d'autres domaines.

De par la répétition de ces expériences, Molly et Joe perdent toute confiance dans leurs perceptions et cessent d'exprimer leur réalité. Ils en sont au niveau A. Ils savent ce qu'est leur réalité, mais se refusent à la partager. D'abus en abus, Molly et Joe se détachent de leur identité émotionnelle. Ils finissent par s'interdire toute peur ou toute souffrance pour n'être pas submergés par de tels sentiments. Ils sont ainsi passés au niveau B et commencent à perdre contact avec une réalité désormais invivable. Ce refus de situations pénibles va se poursuivre dans leur vie d'adultes dépendants.

Les gens qui fonctionnent au niveau B manifestent souvent l'arrogance ou la folie des grandeurs mentionnées antérieurement. Dans notre culture, certains sont traités de psychopathes. Ils ne le sont pas tous. Ils ont seulement cessé d'éprouver de la honte pour leur bas niveau d'autoconsidération. Je les dirais « sans vergogne », détachés de leur réalité émotionnelle (en particulier des sentiments de honte) à seule fin de survivre aux terribles traumatismes de leur enfance. De tels gens sont particulièrement enclins à offenser et à victimiser les autres.

Comment se présente la difficulté à reconnaître notre propre identité ?

Le corps physique : notre identité physique est relative à notre aspect extérieur et à nos fonctions vitales. Au niveau A, je sais que telle robe sied à mon apparence, mais je refuse de l'admettre. Le jour où je la porte, vous pouvez me dire que je suis jolie, mais même si j'en suis consciente, je vais nier avoir fait un effort d'élégance, feindre de n'avoir rien entendu, changer de sujet ou souligner tous mes défauts physiques. Au niveau B, que je sois jolie ou non ne sera pas clair dans mon esprit. Aussi, lorsque je vous entendrai me complimenter, j'irai me regarder dans une glace et je me demanderai : *Qu'est-ce que cette personne me trouve ?*

Émilie est une dépendante qui souffre de surcroît d'anorexie. Elle mesure un mètre soixante-quinze, pèse quarante kilos et se trouve grosse.

Émilie est au niveau B et ne sait pas à quoi elle ressemble, *même en présence de son reflet dans un miroir.*

Il y a quelque temps, mon mari, Pat — qui dirige le centre de cure des *Meadows* —, m'a appelée au bureau : « Je t'envoie un patient et je voudrais que tu lui établisses un diagnostic de troubles de la nutrition. Il est obèse.

— Pourquoi veux-tu que je fasse un tel diagnostic ? S'il est obèse, ne peut-il me dire lui-même qu'il souffre de troubles de la nutrition ?

— Je ne peux pas t'expliquer. Fais-lui ce diagnostic, Pia, c'est tout. »

Dix minutes plus tard, un homme entre dans mon bureau : un mètre soixante-quinze, cent trente kilos. N'étant pas sûre qu'il s'agissait du patient de mon mari, je l'interroge :

« Que puis-je pour vous ?

— Que vous m'établissiez un diagnostic.

— De quoi ?
— Troubles de la nutrition. »
Je comprends alors la démarche de Pat.
« Êtes-vous conscient d'être obèse ?
— Que voulez-vous dire par obèse ?
— Quel est votre poids idéal, selon vous ?
— Je me sens très bien en pesant cent trente kilos. Je suis solide et en pleine forme. »

Il ne se faisait pas l'idée d'être obèse. Ce fut l'une de mes premières expériences avec un sujet du niveau B quant à son aspect physique. Il n'avait pas plus conscience de son obésité qu'Émilie de sa maigreur squelettique. C'est un cas très grave.

Certains dépendants du niveau B peuvent se regarder dans la glace sans parvenir à définir les traits de leur visage. Ils peuvent se trouver une ressemblance avec quelqu'un d'autre ou être carrément incapables d'appréhender visuellement leur aspect physique.

Pour ma part, j'évolue entre le niveau A et le niveau B, à ce dernier niveau la plupart du temps pour ce qui est de mon apparence. Quand je suis au niveau B et que je me regarde dans la glace, ce n'est pas mon visage que je vois mais celui de mon père. Quand cela se produit, je ne sais vraiment pas à quoi je ressemble et j'ai horreur de ce que je vois. Mais quand je reconnais ces traits comme étant miens, alors j'aime mon apparence.

Bon nombre de ceux que j'ai vus éprouver un tel symptôme au niveau B ont été victimes d'un abus sexuel. Cela se traduit souvent par l'illusion de n'être qu'une tête privée de corps. C'est parfois ce symptôme qui amène le thérapeute à comprendre que son patient a peut-être été victime d'un inceste ou autres voies de fait soigneusement occultés.

Le mental : la pensée donne un sens à tout ce que nous appréhendons. Elle est soutenue par la vue, l'ouïe, l'odorat, le toucher, le goût.

Au niveau A, je suis consciente de mes pensées quant à un sujet donné. Mais je ne les livrerai pas si vous me posez la question et ce n'est certainement pas moi qui prendrai l'initiative de parler. Au niveau B, j'ignore ce que j'en pense, et si vous me posez la question, elle n'éveillera dans mon esprit que des pensées confuses, et je serai dans l'incapacité de vous répondre.

Jerry et Sylvia partent pour voir un film avec John, un camarade d'université de Jerry. La voiture est imprégnée de la forte odeur *sui generis* de John mais, tout au long du chemin, Jerry et Sylvia conversent avec lui comme si de rien n'était. Lorsqu'ils arrivent au cinéma, John s'éclipse pour aller aux toilettes et Jerry en profite pour demander à Sylvia : « Comment trouves-tu mon vieux copain John ? » *Il ne me plaît guère*, pense Sylvia. *Il pue comme ce n'est pas permis et je regrette que nous ayons à passer la soirée avec lui. J'ai hâte que ce soit fini*. Mais connaissant l'amitié qui lie les deux garçons, elle ne peut parler franchement de peur de blesser Jerry. Aussi répond-elle : « Il est super. Je suis bien contente qu'il ait pu nous accompagner ce soir. » Sylvia est au niveau A avec sa forme de pensée.

Les sentiments : ce sont nos émotions qui forment notre identité émotionnelle. Au niveau A, je suis consciente des émotions qui me traversent. Mais je ne dirai rien si vous me demandez mon impression sur tel ou tel sujet. Je vais mentir et vous décrire un autre sentiment, ou bien je vais nier ressentir quoi que ce soit alors qu'il n'en est rien. Admettons, par exemple, que je sois dans une colère noire pour une raison quelconque, et que l'on m'en fasse la remarque, je refuserai de l'admettre et dirai à cette personne : « Désolée, mais je ne suis pas en colère. »

Au niveau B, je ne suis pas à même de vous parler de mes émotions parce que je ne ressens rien. De tels sujets ont coutume de dire : « Je suis insensible, malgré mes efforts. » Ce symptôme de dépendance est malsain et très grave.

Le comportement : nos actes définissent notre réalité comportementale. Au niveau A, j'ai un souvenir précis de mon comportement. Mais quand on me questionne à son sujet, j'en donne une version différente ou je prétends avoir oublié. Par exemple : A la maison, il me revient de nourrir nos chats. Un soir, j'ai oublié et, le lendemain, je les ai trouvés dehors devant la porte de la cuisine miaulant désespérément. Mon mari est entré et il m'a dit : « Tu as nourri les chats, hier soir, Pia ? »

Étant ce jour-là au niveau A dans mon comportement, je lui ai répondu : « Je ne m'en souviens pas. Je crois. Pourquoi ? » J'avais conscience de mentir puisque je me souvenais très bien de cet oubli, mais je ne voulais pas que Pat le sache. Une autre façon de dissimuler aurait pu être une réponse vague de sorte qu'il n'eût rien compris. Aurais-je été au niveau B que j'aurais perdu conscience de mon comportement de la veille. J'aurais oublié si j'avais ou non nourri les chats.

Autre exemple de comportement du niveau B, j'arrive un matin aux *Meadows* pour apprendre que Dave, un de nos patients, a injurié l'infirmière de nuit. Rebecca l'a consigné dans son rapport avant de rentrer chez elle. Je communique le rapport au conseiller de Dave qui, sans attendre, confronte l'intéressé au problème devant tout le groupe : « On m'a transmis un rapport soulignant que tu as injurié Rebecca cette nuit. Parlons-en. » Et Dave de répondre, tombant des nues : « De quoi tu parles ? J'ai fait ça, moi ? » Étant au niveau B, Dave était totalement sincère.

Le fait que des patients fonctionnent au niveau B à l'égard de leur comportement se manifeste fréquemment lors des séances avec la famille, laquelle les met au pied du mur. Il devient alors évident que ces patients sont dans l'illusion et ignorent avoir agi ainsi. Ils ont occulté leurs actes.

Ces sujets ont besoin du regard de la famille pour être libérés de l'illusion. Fonctionner au niveau B est un symptôme grave.

Quatrième symptôme fondamental : difficultés à reconnaître et à satisfaire ses besoins et ses désirs

Chacun d'entre nous a des besoins fondamentaux et des désirs qu'il doit satisfaire. J'appelle besoin ce qui est nécessaire à notre survie. Tout le monde est dépendant de ses besoins, l'enfant comme l'adulte. La différence entre cette dépendance chez l'enfant et celle de l'adulte est que, chez le premier, les besoins doivent être satisfaits par ceux qui l'élèvent et qui ont pour mission de lui apprendre à se prendre en charge plus tard. L'adulte n'a plus à se faire assister, sauf en cas d'urgence.

L'adulte doit répondre aux besoins suivants : nourriture, abri, vêtements, soins médicaux et dentaires, éducation physique et psychique exigeant du temps, de l'attention et de la sollicitude, sexualité, ressources financières (gagner, épargner, dépenser, gérer et investir).

En ce qui concerne l'éducation d'un être, certains besoins exigent l'intervention de tierces personnes. Il nous revient de reconnaître ces besoins et de trouver les personnes appropriées pour les satisfaire. De même que nous devons apprendre à satisfaire les demandes d'autrui quand besoin est. C'est ce que j'appelle l'interdépendance.

Je divise les désirs en deux catégories : les petits désirs et les grands désirs. Les petits désirs se résument à des préférences. Ce sont des envies de second ordre, mais qui nous font grand plaisir quand nous décidons de nous les offrir. Prenons par exemple le désir de Sherry d'un peignoir en velours-éponge. Le plaisir de l'acheter soulignerait l'authenticité du désir. Bien qu'elle eût déjà deux sorties de bain, le velours éponge exerçait sur elle une forte attirance. L'achat lui procura un plaisir intense. Elle fut heureuse de porter ce peignoir. Sa joie souligne ce vrai désir.

Les grands désirs donnent une orientation générale à notre existence et nous apportent la complétude. Par exemple : je veux épouser telle ou telle personne, devenir médecin, monter une entreprise, avoir un enfant, etc.

Les quatre facteurs de la difficulté à reconnaître et à satisfaire nos besoins et nos désirs

La perte de contact avec les besoins et les désirs est illustrée par quatre facteurs dérivés de l'enfance.

- *Je suis* trop *dépendant :* je connais mes besoins et mes désirs mais je laisse à autrui le soin de les satisfaire.
- *Je suis* antidépendant *:* je sais m'avouer mes besoins et mes désirs, mais j'essaie de les assumer seul et suis incapable d'accepter des conseils d'autrui. J'aimerais mieux me priver que de réclamer de l'aide.
- *Je me considère comme n'ayant ni besoins ni désirs :* je n'ai pas conscience de mes besoins et de mes désirs.

- *Je confonds désirs et besoins :* je sais ce que je veux. Je m'arrange pour l'obtenir. Mais je n'ai pas une idée claire de ce dont j'ai besoin. J'essaie, par exemple, de pourvoir à ces besoins inconscients en achetant tout ce dont j'ai envie. Alors que j'ai besoin de faire de la culture physique, je m'offre d'autres vêtements !

Chaque personne vit ses besoins et ses désirs de façons différentes. Je peux ignorer tout désir et être en même temps trop dépendant à l'égard de mes besoins. Les connaître et attendre qu'un tiers me les apporte.

Ignorer comment gérer besoins et désirs s'associe souvent à un sentiment de piètre autoconsidération (honte). Chaque fois que le « grand enfant » ressent un besoin ou un désir, la honte s'en mêle. Elle peut remonter à l'enfance et à l'abus des parents quant à la façon dont ils ont répondu à la demande. Il en résulte que l'adulte dépendant se croit égoïste chaque fois qu'il a besoin ou envie de quelque chose, si légitime que soit cette pulsion.

D'où vient la difficulté de reconnaître et de satisfaire nos besoins et nos désirs ?

Les enfants dont tous les besoins et désirs sont systématiquement satisfaits par des parents trop faibles finissent par devenir dépendants à l'âge adulte. Une trop grande prise en charge est nuisible à l'enfant.

A l'inverse, les enfants confrontés à des parents qui les agressent pour avoir exprimé un besoin ou un désir deviennent en général antidépendants à l'âge adulte. Je prendrai pour exemple la petite Sandi qui va voir sa mère en lui disant : « J'ai soif », ou : « Je voudrais un cookie. » La mère répond :

« Fiche-moi la paix. Tu m'ennuies. Tu ne vois pas que je regarde la télé ? » Et peut-être va-t-elle jusqu'à repousser physiquement l'enfant. Sandi apprend à être antidépendante. Elle peut identifier ses besoins et ses désirs. Mais, ayant découvert très tôt que demander de l'aide l'a exposée à l'abus, une fois adulte elle s'efforce de satisfaire seule désirs et besoins. N'ayant eu personne pour lui expliquer comment s'y prendre, ses tentatives s'avèrent souvent inadéquates et la laissent insatisfaite. Comme elle ne réclamera jamais l'intervention d'une autre personne, certains besoins — telle la formation physique et psychique — resteront inassouvis. Son attitude est la suivante : *Si je n'y parviens pas seule, tant pis. Mieux vaut s'en passer que de réclamer une aide.*

Les enfants dont les besoins et les désirs ont été ignorés ou négligés par leurs éducateurs atteignent souvent l'âge adulte en se croyant sans besoins ni désirs. De tels enfants ne sont même pas conscients de leurs propres besoins parce qu'ils n'ont jamais eu l'occasion de les reconnaître en eux. Adultes, on les voit souvent travailler d'arrache-pied à satisfaire les besoins et les désirs des autres sans prêter attention aux leurs. De temps à autre, à quelque niveau, ces dépendants attendent des autres qu'ils leur rendent la pareille et fassent spontanément ce qu'eux-mêmes se refusent à demander. Il est alors fréquent de les voir accueillir avec colère un espoir déçu. Toutefois, le plus souvent, ces dépendants sont à ce point inconscients de leurs besoins et de leurs désirs qu'ils n'attendent plus rien. Un besoin naît-il en eux qu'il se teinte aussitôt de culpabilité.

Confondre désir et besoin est le lot des enfants qui ont toujours eu ce qu'ils voulaient, mais presque jamais ce dont ils avaient besoin. Il s'agit souvent d'enfants de familles aisées où les parents négligeaient les besoins interactifs de leur progéniture (telle la formation physique et psychique). En revanche, tout objet matériel désiré par l'enfant lui était aussitôt donné. Devenus de ce fait adultes dépendants, ces sujets sont en général inconscients de leurs besoins. Ils n'ont que des caprices et continuent de les satisfaire en ignorant leurs nécessités.

Ainsi une femme peut dépenser avec frénésie tout son argent en toilettes, voitures, voyages et traitements de beauté, acquérir tout ce qui la tente. Mais elle reste sourde à ses besoins, se nourrit en dépit du bon sens, ne prend jamais d'exercice et ne contrôle pas davantage son état de santé. Elle peut tenter de répondre au besoin de structuration psychique (passer du temps avec les autres et obtenir leur attention) en renouvelant sa garde-robe ou en allant chez le coiffeur afin que les vendeurs ou le visagiste aient une relation interactive avec elle.

Ces adultes qui entrent en cure sont extrêmement durs à traiter parce qu'ils n'ont pas la moindre notion sur la façon de satisfaire leurs besoins. Au centre, j'avais l'habitude de faire des tournées d'inspection dans les chambres des patients. Ceux qui confondaient besoins et désirs se conduisaient comme des enfants de cinq ans. Ils ignoraient comment prendre soin d'eux, mais savaient manipuler l'entourage pour obtenir ce qu'ils voulaient.

Ceux qui ignorent leurs besoins n'ont souvent aucun contrôle sur leurs pseudo-désirs, qu'ils soient obsédés par le jeu, la sexualité, la bonne chère, la boisson ou les drogues. Ils ne satisfont pas sainement leurs désirs et se laissent aller. *Je veux ce dont j'ai envie*, pensent-ils, *et je me fiche pas mal du prix à payer ou de ce qui peut m'être nécessaire.* Ou bien : *Il faudrait que j'arrête de boire, que je prenne une douche et que j'aille me coucher, mais j'ai envie de ce verre... alors je me le sers.* Ou encore : *J'ai le désir de cette drogue et j'en prendrai aussi longtemps que je voudrai.* Ou : *Il ne me faudrait pas de sucre, vu que je suis diabétique, mais me passer de dessert, jamais. Aucune importance si c'est mauvais pour moi !* Souvent, ils ne se posent même pas la question de savoir ce qui est bon ou mauvais pour eux.

Comment se manifeste la difficulté de reconnaître et de satisfaire nos besoins et nos désirs ?

J'ai dû apprendre à identifier mes manques, puis m'astreindre à satisfaire mes besoins. Quand j'ai amorcé ma remontée vers la guérison, je vivais seule. Avoir perdu le contact avec mon besoin de nourriture allait m'amener à une crise d'hypoglycémie. Je maigrissais à vue d'œil et sombrais dans l'anorexie. A jeun depuis l'avant-veille, je suis entrée un jour dans la salle des infirmières des *Meadows*, où je travaillais, pour me plaindre de vertiges. Une collègue m'interrogea :

« Depuis quand n'as-tu pas mangé ?

— Oh, trente-six heures environ.

— Pia, il faut que tu manges. Je vais te donner un verre de jus d'orange, mais tu vas devoir te mettre quelque chose de solide sous la dent, tu le sais.

— Quoi ? » fut ma réponse.

Aux *Meadows*, je savais déceler ce comportement morbide chez mes patients. Mais, en ce qui me concernait, j'en étais incapable. Je n'avais nullement conscience de ce besoin fondamental.

D'autres sujets sans besoins ni désirs à l'égard de leur alimentation pourront avoir faim, mais ils ne s'accorderont pas le temps de manger, ou ignoreront comment se préparer des repas équilibrés.

Un autre besoin que je négligeais était celui de m'habiller. Ma penderie était pratiquement vide et je n'avais même pas conscience d'un manque. Je fus prise en charge par une personne qui tint le rôle d'une mère et m'apprit comment déceler mes besoins fondamentaux. Elle me fit affronter ce manque le jour où elle m'aida à emménager dans un nouvel appartement.

« Pia, dit-elle, où sont tes vêtements ?
— Dans la penderie, Jane.
— Non, ils n'y sont pas.
— Je viens pourtant de les y accrocher il n'y a pas cinq minutes. Va jeter un coup d'œil. »

Elle obtempéra, et revint en confirmant :
« Non, il n'y a pas de vêtements là-dedans. »

Je finis par y aller moi-même et ouvris la penderie.

« Enfin, Jane, j'ai là mon jean, mon T-shirt, mon beau chemisier, un pantalon et cinq tenues d'infirmière. »

(J'avais suffisamment d'uniformes pour pouvoir me changer chaque jour.)

« Ça ne suffit pas, dit-elle.
— Que veux-tu dire ? J'ai ce qu'il me faut. »

J'étais sincère, totalement inconsciente de mes besoins en la matière. Plus tard, je suis devenue trop dépendante à cet égard : je savais que j'avais besoin de vêtements mais je continuais de ne pas en acheter. Et si maintenant j'en achète, il m'arrive de le faire avec contrainte.

J'ai aussi des difficultés avec mon besoin de maturation physique. Au début, j'étais également sans besoins et sans désirs. C'est mon mari qui m'a permis d'en prendre conscience. Un jour, tandis que je préparais le repas, Pat faisait des mots croisés sur le canapé. A deux doigts d'amorcer une scène de ménage en pénétrant dans le living, j'ai été désarçonnée.

« Viens donc t'asseoir à côté de moi que je te fasse un gros bisou », m'a-t-il dit.

Sans savoir pourquoi j'obtempérais, j'ai répondu : « D'accord. » Il m'a fait un gros bisou et je me suis sentie mieux. Puis je suis retournée dans la cuisine, confuse d'avoir retrouvé ma sérénité sans parvenir à comprendre ce qui s'était passé.

Alors que j'étais aux fourneaux, il m'est apparu que je n'avais cherché querelle à Pat que pour qu'il me fasse un gros bisou et que je me sente ainsi plus importante que les mots croisés, le perroquet ou la télévision. J'avais besoin que mon mari manifeste physiquement son intérêt pour moi. Inconsciente de ce besoin, je provoquais des scènes de ménage à seule fin de tirer satisfaction de la réconciliation. Cette illusion d'être sans besoins créait de profonds désordres dans nos relations.

Le dernier exemple tiré de mon expérience concerne les besoins médicaux. Quelques jours seulement après m'être fait inciser un furoncle au pied, j'eus à donner une journée entière de conférences. Bien que la plaie fût protégée par un bandage, il me fallut marcher ou rester debout huit heures d'affilée. J'en sortis en boitant mais, dans la voiture qui me ramenait à l'aéroport, la douleur était encore en deçà du seuil sensible. Ceux qui me raccompagnaient avaient remarqué ma claudication et ils suggérèrent qu'on me procure un fauteuil roulant à l'arrivée. Je refusai aussitôt : « Je n'en ai pas besoin », n'en prenant pas moins un analgésique. Mais il était déjà trop tard pour que le médicament fasse effet. Peu après, la douleur se fit si vive qu'il ne fut plus question de marcher. Mais il me fallut atteindre cette extrémité pour comprendre la gravité de mon cas.

Cinquième symptôme fondamental : difficulté à vivre et à exprimer sa réalité avec modération

L'inaptitude de se modérer est vraisemblablement le symptôme de dépendance le plus visible pour autrui. L'entourage éprouve des difficultés à entretenir des rapports avec un dépendant extrémiste. Les dépendants semblent ne pas comprendre ce qu'est la modération. Ils sont soit passionnés, soit d'une indifférence totale, au comble du bonheur ou totalement déprimés. Ils estiment que répondre modérément à une situation, c'est lui donner une réponse insuffisante. Ce symptôme se manifeste dans les quatre secteurs de la réalité.

Le corps physique : bon nombre de dépendants n'ont aucune modération dans leur façon de s'habiller. A un extrême, ils dissimulent leur corps, portent des vêtements informes qui ne laissent à découvert que leur visage et leurs mains et se fondent dans le décor. C'est particulièrement vérifiable chez ceux qui ont subi des agressions sexuelles, survécu à l'inceste ou à des voies de fait.

A l'opposé, on trouve des dépendants qui s'habillent avec extravagance pour attirer l'attention, ou encore qui portent des vêtements si ajustés qu'aucun détail de leur anatomie ne passe inaperçu. Cette variante est également observable chez ceux qui ont subi des violences sexuelles.

Les extrêmes physiques comprennent également l'obésité ou la maigreur, l'obsession de la propreté ou une tendance au laisser-aller.

Le mental : les dépendants ignorent les demi-mesures. C'est blanc ou noir, bien ou mal, vrai ou faux. Pour eux, il n'y a jamais qu'une seule réponse correcte. Dans leurs relations avec autrui, ils partent souvent du principe que « si tu n'es pas entièrement d'accord avec moi, tu es radicalement contre moi ».

Leurs solutions quant aux problèmes sont extrémistes. Ainsi, quand George fait part de la moindre objection à Sam, ce dernier peut très bien se dire qu'il ferait mieux de ne plus jamais revoir George pour éviter à l'avenir de l'offenser.

Le comportement : un comportement extrémiste chez le dépendant peut se manifester par une confiance aveugle en n'importe qui ou une méfiance totale envers tout le monde ; de la même manière, des parents dépendants auront tendance à se montrer soit trop sévères, soit trop indulgents à l'égard de leurs enfants.

Les sentiments : le principal problème des dépendants est qu'ils ont des difficultés à reconnaître leurs sentiments et à les partager. Ils ignorent la modération. Ils ressentent peu d'émotions, voire aucune, ou ils explosent et sont au supplice.

Le dépendant peut appréhender la réalité sous quatre aspects différents. Et jusqu'à ce qu'il soit en mesure de reconnaître ces quatre formes de sa sensibilité et de savoir d'où elles proviennent, sa vie peut être une expérience extrêmement perturbatrice.

1) Sensibilité adulte

La sensibilité adulte est une réponse émotionnelle, authentique et mature à la pensée. Elle n'est ni dysfonctionnelle ni dépendante. Ces sentiments sont habituellement empreints de modération et génèrent chez l'individu l'impression d'être *centré* en soi. J'appelle cette expérience : « vivre l'adulte en soi ».

2) Sensibilité adulte provoquée

Chez les êtres fonctionnels, les sentiments adultes provoqués sont le résultat d'un processus nommé empathie. En tant qu'adulte sain, je puis m'identifier à l'autre qui me parle de ce qu'il ressent, car je suis dans une certaine mesure capable de vivre ses émotions. Par exemple, si votre amie, assise à vos côtés, raconte un épisode pénible de son existence en le revivant intensément, vous, femme également adulte, serez à même d'éprouver sa douleur, d'être empathiquement liée à elle. La même chose peut se produire si elle nie souffrir mais que la douleur se lit sur son visage ou si elle prend sa douleur à la légère. Toutefois, cela devient un problème lorsque cette empathie se fait trop intense et que vous êtes littéralement submergée par les sentiments de votre amie, ce qui est souvent le cas des dépendants dont les frontières intérieures sont soit inexistantes, soit endommagées.

Ainsi, chaque fois que vous êtes proche d'un individu : a) dont les émotions sont trop intenses, b) qui les nie, c) qui les prend à la légère, vous risquez d'être contaminé par les sentiments de cette personne et d'éprouver une sensibilité adulte provoquée. Ce déferlement d'émotions provoque habituellement chez vous l'impression de sombrer dans la démence, car ces sentiments ne sont pas les vôtres. Toutefois, si vous ne partagez les sentiments d'autrui qu'à un niveau modéré, il s'agit simplement d'une empathie fonctionnelle.

3) Sensibilité figée héritée de l'enfance

N'éprouver que peu ou pas d'émotions est une attitude apparemment saine. Cela se produit quand les sentiments qui assaillent un enfant lors d'un abus sont si terribles, si insurmontables, que celui-ci se ferme à ce type d'impressions ou les « fige » à seule fin de survivre.

Cela peut également se produire quand l'enfant est agressé physiquement ou verbalement — ou les deux — pour avoir éprouvé ou manifesté de tels sentiments. Stewart était fréquemment battu par son père. Dès que l'enfant pleurait, le père le battait plus fort en disant : « Les garçons ne pleurent pas. Arrête. » Stewart apprit donc à supporter ces châtiments corporels en se coupant de ses émotions pour éviter un surcroît de violence. Les sentiments impliqués sont habituellement la colère, la souffrance et la peur.

Quand un thérapeute commence à aider un adulte chez qui s'est produit ce processus de « gel » par minimisation ou refus, il n'est pas rare que le patient laisse resurgir ces impressions enfantines depuis longtemps figées.

Ces émotions vont alors s'exprimer — souvent par des larmes. C'est une expérience bouleversante car le sujet se sent alors vulnérable et a l'impression de redevenir un enfant.

4) *Sensibilité enfantine héritée des adultes*

Les enfants héritent également de sentiments tels que honte, rage, peur et douleur lorsqu'ils sont agressés par des adultes (voir chapitre 6). Ces émotions demeurent ancrées chez le sujet adulte, qui se sent dépassé et incapable de maîtriser ses réactions.

Pour un adulte dépendant, apprendre à reconnaître ces quatre types d'émotions est donc une étape importante sur la voie de la guérison.

D'où vient la difficulté de vivre et d'exprimer modérément notre réalité ?

Ma pratique professionnelle me donne à croire que verser dans les extrêmes peut avoir pour origine deux situations, sinon plus. L'une est d'avoir eu sous les yeux le comportement d'éducateurs eux-mêmes extrémistes, d'avoir observé ce comportement et d'y avoir réagi. L'autre est l'expérience de : « personne ne semblait m'entendre », le sentiment d'avoir été invisible dans le milieu familial.

Quand un enfant voit ses parents afficher une totale absence de modération dans leur façon de se vêtir, dans l'attitude qu'ils ont à l'égard de leur propre corps, dans leur mode de pensée ou dans leurs manières de résoudre les problèmes, dans l'expression de leurs émotions et dans leur comportement, ils calquent leurs réactions sur ce modèle parental. A l'inverse, mais sur un mode non moins extrême, on verra certains dépendants qui n'aimaient pas beaucoup ce que faisaient papa et maman prendre le contre-pied du comportement parental.

Je citerai l'exemple de Clare qui a été élevée dans une famille où on la battait pour des vétilles. En grandissant, elle pourra se dire : « Moi, je n'agirai pas ainsi. » Le problème est qu'elle va pousser cette décision à l'extrême, s'interdire d'exercer une discipline modérée sur ses enfants. Il en résultera des révoltés pour n'avoir pas appris à se soumettre à un type quelconque de règles familiales.

Dans certaines familles dysfonctionnelles, les besoins fondamentaux des enfants sont ignorés au point que ceux-ci ont à adopter un comportement extrême pour attirer l'attention des parents et faire que leurs besoins soient tant soit peu satisfaits. Plus tard, adultes dépendants, ils continueront de se comporter avec extravagance, dans le seul but d'être écoutés ou remarqués.

Ainsi, selon le point de vue de mon mari, je me crois toujours obligée d'expliquer les choses plus qu'il n'est normal, parce que j'ai l'impression qu'il ne me comprendra pas. Par réaction et pour rétablir l'équilibre, il ne tient pas compte d'environ trente pour cent de mes discours.

Modalités d'action de la difficulté à vivre et à exprimer modérément notre réalité

Mon absence de modération dans l'expression des sentiments était particulièrement sensible chaque fois que quelqu'un s'opposait à moi. En pareil cas, c'était tout ou rien : paniquée par la perspective d'une confrontation, je me sentais au bord des larmes et bonne à rien, ou bien je m'estimais plus forte que mon adversaire qui avait alors l'occasion de mesurer mes excès de rage.

A une époque, mon mari, Pat, était également mon patron. Chaque fois que j'allais le voir pour discuter d'un problème au sujet de mon travail, je le trouvais assis derrière son bureau, prêt à m'affronter. Par expérience, il me savait susceptible soit de sangloter comme une hystérique, soit de le fusiller des yeux ou de prendre le fil du téléphone pour l'étrangler !

Je pris également conscience de mes jugements extrémistes en réfléchissant à certaines situations relatives au couple que nous formons, Pat et moi. Peu après notre mariage, Pat me fit remarquer qu'il n'aimait pas que je m'empare de sa tasse de café pour la laver avant qu'il ne l'ait terminée. La première riposte qui me vint à l'esprit fut : « Quand est-ce qu'on divorce ?

— Qui parle de divorce ? me répondit-il.

J'exprime une simple préférence. Attends que ma tasse soit vide pour la laver. »

Si bizarre que cela puisse paraître, j'estimais en toute bonne foi que si laver trop vite sa tasse était un problème, la meilleure solution était d'en rester là pour que cela ne se reproduise plus.

Quelques années plus tard, il y eut un début d'amélioration dans ma façon de passer d'un extrême à l'autre. Pat venait de me dire que j'avais tendance à laisser trop de lumières brûler inutilement dans la maison. Ma première réaction fut d'éprouver un intense complexe d'infériorité. En larmes, je m'apitoyai sur moi-même. Pat partit dans le fond du jardin.

Je me dirigeai alors vers les toilettes du rez-de-chaussée, à l'autre bout de la maison, veillant à baisser chaque interrupteur sur mon passage. Je me disais : « Puisque je ne suis pas dans ces pièces, inutile de les éclairer. » J'entrai dans les toilettes. Je n'avais pas envie d'allumer, certaine d'oublier d'éteindre en sortant et de m'attirer par conséquent d'autres remarques.

Au bout de quelques minutes, derrière la porte, j'entendis Pat trébucher dans le noir. Je sentais sa colère, sans en deviner la raison, jusqu'au moment où je l'entendis rallumer rageusement les pièces. Il ne tarda pas à comprendre que j'étais dans les toilettes, et dans le noir !

« Qu'est-ce que tu fais là-dedans ? » gronda-t-il derrière la porte.

Ce à quoi je répondis, dans le plus pur style « dépendante-sur-le-sentier-de-la-guerre » :

« On y fait quoi, d'habitude ?

— Cela n'explique pas que tu y sois dans le noir !

— Pas besoin d'allumer pour ça.

— Je te reconnais bien là, Pia. Les grandes illuminations ou le black-out ! Tu n'as donc pas le moindre sens de la mesure ? »

Après avoir regagné discrètement le salon et m'être roulée en boule dans le fauteuil qui me sert de refuge, j'eus cette idée que je jugeai tout simplement brillante : calculer le nombre de lampes de la maison, diviser par trois et laisser ce tiers allumé pour respecter la juste mesure. Apprendre ainsi la modération sans tenir compte des remarques de Pat.

Un autre soir, Pat me chercha de nouveau des noises sur ce même sujet. Je me suis contentée de le regarder, sans ressentir ce sentiment d'infériorité. « Huit ampoules sont restées allumées. Cela me convient. Si ce n'est pas ton cas, tu n'as qu'à en éteindre quelques-unes. »

Il a croisé mon regard et il a souri. Je lui ai expliqué mon subterfuge, à mes yeux premier pas vers la voie de la guérison.

Certaines de mes décisions ultérieures furent sans nul doute teintées d'une bizarrerie similaire, mais j'apprenais à ne pas bondir d'un extrême à l'autre constamment. Pour les dépendants ne percevant pas comment adopter un comportement modéré, ce sens de la mesure peut s'effectuer par des biais originaux et créateurs.

La notion de « normalité » nous induit en erreur

A mon sens, parler de « retour à la normale » pour décrire la guérison est une erreur. La normalité est ce que font la plupart des gens. Or nombreux sont ceux qui sont englués dans des façons de penser, de sentir ou de se comporter qui n'ont rien de sain. Et bien souvent, dans notre civilisation occidentale, ce qui est tenu pour normal en matière d'éducation n'est que de la sous-éducation pour d'autres. Au lieu d'opposer un comportement

« normal » à celui dit « anormal », j'ai donc recours aux termes « fonctionnel » et « dysfonctionnel ». Il est sain d'avoir un comportement fonctionnel.

Quand vous êtes sur la voie de la guérison et que vous commencez à agir avec modération, vous conservez encore très longtemps l'impression de ne pas agir comme il le faudrait. De fait, quand je travaille sur cet aspect particulier de la cure, je substitue au terme « fonctionnel » celui de « modéré ». On sait qu'un alcoolique est sur le chemin de la guérison quand il ne boit plus. De même, quand un dépendant se met à exprimer modérément sa réalité, il témoigne d'un certain progrès vers la guérison.

3

Comment les symptômes ruinent notre vie

Au cours de ma guérison, j'ai découvert que les cinq symptômes fondamentaux décrits dans le précédent chapitre nuisaient tant à moi qu'à mes rapports relationnels. J'ai relevé cinq types de nuisance :
- *Contrôle négatif :* nous nous autorisons à décider de la réalité de chacun pour notre seul confort.
- *Ressentiment :* nous éprouvons le besoin de rendre la pareille à quelqu'un ou de le punir après avoir perçu de sa part quelque atteinte à notre autoconsidération, de sorte que nous expérimentons la honte.
- *Spiritualité mal vécue ou inexistante :* difficulté à nous sentir un lien avec une Puissance supérieure à nous.
- *Évasion de la réalité :* nous nous servons de notre assuétude à l'alcool, à des drogues ou à diverses passions, et de nos maladies physiques ou mentales pour éviter de faire face à notre identité et à celle de notre entourage, surtout s'il est important à nos yeux.
- *Troubles dans notre faculté d'entretenir l'intimité :* nous avons du mal à nous ouvrir aux autres, à les écouter parler d'eux sans créer d'interférences avec leurs confidences ou les idées qu'ils partagent.

Je désignerai ces formes de nuisance comme étant des « symptômes secondaires » de dépendance, puisque chacun résulte d'un ou de plusieurs symptômes premiers — ou symptômes-noyaux — du mal. Mais tandis que les symptômes premiers opèrent au-dedans du dépendant, les symptômes secondaires affectent ses relations avec les autres.

Contrôle négatif

Je suis convaincue que nos troubles et nos frustrations de dépendants prennent racine dans nos tentatives pour contrôler la réalité des autres et les empêcher de nous contrôler. Rappelez-vous que l'identité d'un être se compose de son corps, de son mental, de ses sentiments et de son comportement. Un contrôle positif s'exerce quand je différencie ma propre réalité de celle des autres. Je définis mon aspect physique, mes pensées, mes sentiments, mes actes. Suis-je une personne saine que je détiens mon identité. Le contrôle positif est synonyme de santé, contrairement au contrôle négatif.

Le contrôle négatif survient quand je me donne la permission de décider pour autrui de l'apparence qu'il doit avoir (y compris de sa corpulence et de la manière dont il doit s'habiller), de ce qu'il doit penser, sentir, faire ou ne pas faire.

Parallèlement, si je laisse autrui me contrôler, c'est aussi un problème de contrôle négatif. Chaque fois que j'échoue à déterminer seule quels doivent être mon apparence, mes pensées, mes sentiments et mon comportement, et que j'autorise autrui à le faire à ma place, je participe à un contrôle négatif.

Je prendrai pour exemple Jack qui, son voisin étant malade et incapable d'un travail physique, décide de lui donner un coup de main dans le jardin. Le voisin passe et dit : « Jack, tu ferais mieux de ralentir. A ce rythme, tu vas t'épuiser et tu ne finiras pas le travail. » En l'occurrence, le voisin s'efforce d'exercer un contrôle négatif sur le comportement de Jack en lui dictant son travail.

Jack sourit et répond : « Ne t'en fais pas. Je me suis trouvé une cadence. C'est pour moi un exercice d'aérobic et j'y prends plaisir. Je suis sûr de mener ma tâche à terme. » Jack vient de faire appel à ses frontières intérieures pour exercer un contrôle positif, déterminer ce qu'il pense, ce qu'il sent et ce qu'il compte faire quant à sa vitesse de travail.

En l'absence de frontières intérieures, peut-être aurait-il répondu sèchement, interposant un mur de colère, ou aurait-il ralenti et permis à son voisin de le contrôler, ressentant de la colère mais ne l'exprimant pas. Dans l'un ou l'autre cas, Jack aurait participé à un contrôle négatif en laissant son voisin lui dicter son comportement.

Contrôle négatif et symptômes fondamentaux

Niveaux d'autoconsidération inadéquats : chaque fois que j'ai du mal à discerner ma valeur et que je réprouve votre opinion, j'essaie de contrôler votre jugement de sorte à me sentir bien dans ma peau (à éprouver de l'autoconsidération). Pour y parvenir, je discute, je raisonne, je nie que votre avis soit fondé sur des preuves.

Frontières endommagées : quand mes frontières sont mauvaises, je ne sais pas très bien où s'arrête mon identité et où commence celle d'autrui. Je m'identifie à l'autre, et je crois pouvoir dire ce qu'il pense, éprouve ou fait. Ce peut être extrêmement irritant pour cette autre personne. En calquant mon attitude sur la sienne, je me fais contrôler.

Je suis particulièrement encline à contrôler votre réalité dans les secteurs où mes frontières sont endommagées. Si mes frontières extérieures sont inexistantes ou endommagées, je m'accorde le droit de vous manipuler physiquement ou sexuellement, sans me soucier de votre éventuel recul. A l'autre extrême, j'éprouve si peu d'intérêt pour moi que vous ignorerez les distances à conserver. De part et d'autre s'exerce alors un contrôle négatif.

Si mes frontières intérieures sont endommagées ou inexistantes, deux extrêmes se présentent: soit je vais me permettre d'imposer ma façon de penser, de sentir et d'agir. Soit je vais me croire obligée de vous laisser me dicter ce que je dois penser, éprouver, faire ou ne pas faire.

Difficulté à reconnaître sa réalité: quand je ne sais pas qui je suis, je risque, sans en avoir conscience, d'attendre que mon mari en décide à ma place. En même temps, je dois contrôler l'image qu'il a de moi de manière à pouvoir répondre à son attente et conserver l'idée qu'il se fait de moi. Cette façon de fonctionner est fréquente chez le dépendant.

Difficulté à satisfaire ses besoins et ses désirs: si j'ai du mal à m'occuper de mes besoins et de mes désirs, je vais tenter de contrôler votre comportement pour vous amener à lire en moi et à les satisfaire à ma place. Si vous ne répondez pas, j'éprouverai colère et rancune car j'estimerai que «vous ne pensez pas assez à moi».

Cette définition générale du contrôle négatif souffre trois exceptions:
- Les parents ont le devoir d'exercer une influence sur leur enfant. Si celui-ci arbore des modes

d'habillement, de pensée, d'émotion ou de comportement dysfonctionnels, ces éducateurs doivent l'aider à exprimer son identité de façon plus fonctionnelle. A première vue, cela peut ressembler à un contrôle négatif mais, appliqué avec respect, modération et pour le bon droit, c'est l'un des rôles des parents fonctionnels.
• Lorsque des sujets font appel à un thérapeute, ils lui confient le soin de les influencer. Il revient au thérapeute de désigner à son patient les erreurs de son comportement physique et psychique. Dans ce cas, il ne s'agit pas d'un contrôle négatif, mais d'une démarche thérapeutique.
• Enfin, si vous demandez à un tiers son opinion sur votre identité, il est autorisé à vous la donner. Ce ne peut être assimilé à un contrôle négatif, car la démarche a été faite par vous.

Ressentiment

Éprouver du ressentiment à l'égard d'autrui, c'est cultiver la rancune, répondre au besoin de le blesser ou de le punir pour compenser les souffrances dont on le rend responsable.

En cultivant ce besoin de revanche, j'obtiens le contraire de ce que je souhaite. L'intensité de ma colère et de mon besoin de vengeance non seulement éloigne de moi la personne responsable de ma réaction, mais aussi ceux que je tiens pour alliés. Il en résulte un isolement proportionnel à ma honte qui va *crescendo*. Ce besoin de se venger et de punir nous offre l'illusion que le châtiment nous épargnera une autre expérience. Cette forme immature de pensée s'est développée durant l'enfance où l'on est incapable de se protéger seul. L'adulte a la faculté d'abandonner cette forme de pensée et de réfléchir.

Je crois que chacun de nous gère sa vie en fonction de ce qu'il juge être le mieux pour lui. Les blessures infligées par les autres proviennent davantage de leur besoin de s'autoprotéger que du désir réel de nous nuire. Ils n'ont pas conscience de veiller sur eux au détriment des autres. De par notre pensée immature, nous imaginons qu'ils agissent consciemment et cherchent délibérément à nous blesser. Mûrir, c'est accepter que nous ne sommes pas toujours au centre du comportement et des pensées d'autrui. Au lieu de nous défendre en tirant vengeance de l'offenseur ou en nous efforçant de le punir, essayons plutôt de comprendre qu'il n'a sans doute cherché qu'à se protéger. En faisant appel à notre propre réalité (raisonnement, émotions, comportement) et à nos frontières, nous pouvons alors veiller sur nous, agir au mieux de nos intérêts quand nous sommes confrontés à ces situations. Dans l'hypothèse d'un comportement abusif d'autrui ou d'une transgression de nos frontières — quelle qu'en soit la cause —, nous pouvons cesser soit de nous ouvrir, soit de les tenir à l'écart de notre vie.

Pardonner, c'est renoncer au besoin de se venger et de punir pour se sentir mieux dans sa peau. Ce qui ne signifie pas pour autant qu'il me faille entretenir des relations avec ceux qui m'ont blessée. C'est simplement identifier mes sentiments et évacuer l'épisode pénible de façon à abandonner toute notion de rancune.

Ressentiment et symptômes fondamentaux

Niveaux d'autoconsidération inadéquats: si j'ai l'impression d'avoir été offensée (que l'offense soit réelle ou imaginaire), mon amour-propre est atteint, ce qui entraîne chez moi un sentiment de honte parce que je crois avoir été traitée comme un être sans valeur. J'éprouve alors le besoin de punir l'offenseur pour restaurer mon autoconsidération perdue. Comme je n'ai pas une idée très nette de ma valeur, je vais « payer les gens de retour », les rabaisser pour retrouver cette valeur dont ils m'ont spoliée.

De même, si je me considère comme supérieure aux autres et qu'on m'offense de quelque manière, je vais m'accorder un droit de colère et de revanche.

Frontières endommagées : en l'absence de frontières, je suis souvent victime d'offenses parce que je suis incapable de les arrêter. Chaque fois que j'ai le sentiment que mes frontières intérieures ont été transgressées, j'expérimente la peur, la souffrance et la colère. En pareille occasion, le ressentiment peut s'en mêler : le besoin de faire match nul. Si j'avais des frontières fonctionnelles et que je puisse me protéger contre les offenses, j'éprouverais moins de ressentiment.

Bien sûr, des frontières saines peuvent être transgressées si l'offenseur est puissant. Dans ce cas, je vais éprouver peur, souffrance et colère. Mais le ressentiment — le désir de punir ou de rendre la pareille — ne surgira pas si je suis sur la voie de la guérison.

Difficulté à reconnaître sa réalité : ce symptôme peut cultiver de trois façons différentes notre propension au ressentiment.

- En tant que dépendante, mon jugement est souvent faussé ou inadéquat. Je suis capable de mal interpréter une situation entre moi et une autre personne, de penser avoir été insultée, même s'il n'en est rien. De telles erreurs d'interprétation ouvrent la voie au ressentiment. En pareilles circonstances, le ressentiment surgit.
- Lorsque je cerne mal mes pensées ou mes sensa-

tions, ou que je ne parviens à les communiquer à mon entourage, je ne peux pleinement reconnaître quel impact a sur moi le comportement de quelqu'un. L'impression d'avoir été insultée peut m'inspirer douleur, peur ou colère, mais je suis incapable de cerner mes sentiments et à plus forte raison de les exprimer. Dans ma pensée inconsciente, cette personne « mérite » d'être punie ou de subir la loi du talion. Si je ne suis pas consciente du ressentiment, le résultat peut s'ouvrir sur un ensemble de pensées, d'émotions et d'attitudes déconcertantes, irrationnelles et hostiles à l'égard de l'offenseur soupçonné.

• Enfin, quand je ne perçois pas ce que je pense à mon sujet, j'use de l'avis des autres pour me définir. Si autrui se fait une idée de moi différente de la mienne, je suis susceptible d'éprouver du ressentiment à son égard. Par exemple : je change de coiffure. Étant incapable de reconnaître que cette coiffure me va à ravir, j'attendrai que mon mari l'apprécie pour m'en réjouir. Mais il peut prétendre qu'elle ne lui plaît pas, sachant que mon avis va dépendre du sien. Je risque alors de sauter sur l'occasion de le critiquer à son tour pour le punir d'avoir gâché ma joie.

Spiritualité mal vécue ou inexistante

La spiritualité, c'est se mettre en relation avec une Puissance Supérieure qui vous accueille, vous guide, vous console et vous apporte la sérénité. L'homme n'est pas une créature parfaite. Mais bon nombre d'entre nous pensent que nous sommes censés l'être et que l'inverse est une faute ou une infériorité. Or, lorsque nous savons admettre notre imperfection — ce qui nous est demandé —, alors nous sommes ce que j'appelle « parfaitement imparfaits ».

Je crois que l'expérience d'être « parfaitement imparfait » est sentie comme une peine empreinte-de-joie ou comme une joie empreinte-de-peine qui nous échoit lorsque nous échangeons nos imperfections avec notre entourage. Cette joie/peine nous donne le sentiment d'être relié à l'autre et à une Puissance qui transcende notre compréhension.

En ce qui concerne la spiritualité, elle peut nuire à notre existence de deux façons : 1) difficulté à admettre une Puissance plus grande que nous; 2) difficulté de nous ouvrir à autrui ou de nous mettre à son écoute. Ces deux facteurs interfèrent ainsi :

Si je peux cerner mes propres imperfections, en faire part à autrui et m'accepter telle que je suis — comme une personne « parfaitement imparfaite » —, je parviens à me sentir connectée à ma Puissance Supérieure. Bien que consciente de mon imperfection et de mes problèmes, je peux m'adresser à ma Puissance Supérieure pour qu'Elle me guide et m'assiste.

Partager son imperfection avec soi-même signifie que l'on est en mesure de reconnaître sa propre valeur (si imparfait soit-on), et que l'on tire du plaisir de cette valeur, mais aussi de la douleur quand on prend conscience des conséquences que cette imperfection entraîne tant pour soi que pour notre entourage.

Si je ne puis m'accepter comme un être « parfaitement imparfait », et que je me crois inférieure ou fautive lors de mes imperfections, je reste fermée à la spiritualité. Soit je vais me juger parfaite, ce qui me fait agir comme si j'étais ma propre Puissance Supérieure, soit me juger anormalement imparfaite et ne pouvoir m'ouvrir à autrui — même à ma Puissance Supérieure —, de peur que mes imperfections créent le vide autour de moi.

Spiritualité mal vécue ou inexistante et symptômes-noyaux

Niveaux d'autoconsidération inadéquats : si l'on se croit sans valeur ou « moins-que », on peut avoir le sentiment de n'être pas digne d'entrer en relation avec autrui ou avec une Puissance Supérieure. Par ailleurs, nous ne pouvons supporter l'extrême niveau de honte qui se fait jour quand nous reconnaissons nos imperfections et tentons d'en faire part à autrui. La honte nous éloigne des autres et de toute Puissance Supérieure. D'une manière ou d'une autre, nous étouffons en nous tout espoir de guérison spirituelle.

Difficulté à reconnaître sa réalité : pour vivre une expérience spirituelle, nous devons savoir communiquer à autrui nos imperfections et nos faiblesses et l'écouter quand il nous livre les siennes. Si nous n'avons pas appris à cerner notre propre identité, la fausse idée que nous nous faisons de nous, nous prive de cette relation avec une Puissance Supérieure capable de nous aider.

Fuir la réalité

Si nous avons subi des abus au cours de l'enfance, nous dépensons une grande partie de notre énergie d'adulte à éviter toute rencontre avec l'intolérable réalité héritée du passé. Mais, quoi que nous fassions, elle est en nous. Et la présence de cette réalité passée, réprimée ou occultée, nous pousse à fuir les émotions désagréables que nous pourrions éprouver maintenant.

Nous autres dépendants sommes des êtres immatures dans des corps parvenus à maturité. Physiquement, nous donnons l'impression d'être des adultes. Mais notre monde intérieur (mental et affectif) reste immature, craintif et confus. Ce fossé entre notre apparence et notre réalité intérieure engendre un stress et un mal vivre difficilement supportables. Les dépendants dérivent souvent dans l'assuétude et somatisent des maux physiques ou mentaux pour alléger ou faire disparaître ces émotions pénibles.

Assuétudes

J'estime que, chez certaines personnes, les assuétudes sont les conséquences logiques des symptômes fondamentaux de la dépendance. Tout procédé apte à soulager une réalité intolérable peut engendrer l'assuétude. Les substances et les comportements qui adoucissent notre angoisse deviennent une priorité pour nous. La substance ou le comportement analgésiques finissent par avoir de redoutables conséquences que nous préférons ne pas voir, pour ne pas renoncer à ce répit dans nos souffrances. Nous apprenons à soulager notre réalité indésirable par l'entremise d'un ou de plusieurs procédés assujettissants, mais ces derniers se transforment en forces destructrices animées d'une vie autonome.

Alcoolisme, toxicomanie, boulimie et autres assuétudes sont en soi des pathologies, mais il existe aussi des penchants pour la boisson, les drogues, la nourriture résultant de la dépendance. A mon sens, certains dépendants commencent à s'adonner à l'alcool, aux drogues, à la suralimentation ainsi qu'à d'autres substances ou comportements dangereux pour soulager cette douloureuse réalité que la plupart des dépendants refusent d'affronter. Plus tard, ces mêmes dépendants risquent de persister dans cette voie.

Je ne saurais trop conseiller à ceux et à celles qui

sont en cure de désintoxication de se demander s'ils ne seraient pas des dépendants tout autant que des drogués. Des drogués dépendants et inconscients de l'être auront de grandes difficultés à gravir les étapes indispensables de la guérison. Alcooliques et drogués, libérés de la substance qui les enchaîne, ne sont pas au bout de leurs peines. Ils risquent de mener une existence difficile s'ils ne parviennent à se défaire de la dépendance comme des substances. Toutefois, pour entamer le processus de guérison, il est vital de cesser d'absorber les substances utilisées. Ensuite l'on peut examiner les sentiments responsables de leur dépendance aux drogues.

Maladies physiques

Si nous n'avons pas recours à quelque assuétude pour soulager notre mal vivre, nos sentiments obscurs seront difficilement répérables et nous les somatiserons. *Diagnostic et statistique des maladies mentales* fait état de ces désordres physiques, issus du stress. Dans l'incapacité de trouver notre identité et de bien la vivre, nous somatisons la douleur sous forme de symptômes chroniques.

Maladie mentale

Certaines réalités de notre enfance peuvent être traumatisantes. Pour survivre, certains sujets les ont occultées. Pour éviter de les affronter consciemment, les sujets se forgent alors un autre univers. Cette restructuration se manifeste souvent par des troubles mentaux et des comportements psychotiques.

Je suis alors dominée par l'idée que je peux vivre hors de la réalité.

Fuir la réalité
et les symptômes fondamentaux

Niveaux d'autoconsidération inadéquats : on peut faire appel à un processus de dépendance pour remédier à notre complexe d'infériorité. A l'inverse, l'offenseur arrogant fuira la douleur de ce complexe en se créant une haute image de lui-même. Ainsi espère-t-il échapper à sa détresse et à sa solitude.

Difficulté à reconnaître sa réalité : pour éviter de prendre conscience de la réalité, je refoule mes émotions. Mon corps les exprime alors par le biais de symptômes physiques.

Difficulté à entretenir des relations intimes

L'une des caractéristiques des dépendants est la difficulté qu'ils rencontrent dans leurs rapports relationnels, tant envers eux qu'envers autrui ou une Puissance Supérieure. L'intimité exige de se confier, de laisser autrui se confier à moi, sans que l'un et l'autre tentent de modifier ce que nous sommes respectivement. Cela implique aussi un échange. L'un donne et l'autre reçoit. Il y a réciprocité. Si je vous dis : « Puis-je vous embrasser ? », m'approche de vous, et si je vous dis : « Embrassez-moi », je vous demande de vous approcher et de marquer votre intimité. Deux personnes qui se serrent dans leurs bras sont physiquement intimes, mais l'une donne et l'autre reçoit selon qu'elle a demandé ou accepté ce rapprochement.

L'intimité avec autrui peut être vécue dans chaque secteur du réel : nous pouvons échanger un contact physique, sexuel ou affectif, comme partager sentiments et pensées. Nos comportements peuvent être aussi partagés.

Capacité réduite à entretenir l'intimité et les symptômes fondamentaux

Niveaux d'autoconsidération inadéquats : si je suis dans une attitude « moins-que », je vous crois plus important que moi. Quand je me compare à vous, je mesure mon insignifiance et, en conséquence, je ne saurais honnêtement partager quoi que ce soit avec vous de façon intime de crainte que vous perceviez cette insignifiance. Si mon attitude est « mieux-que », je vous ferai sentir ma supériorité et le danger d'entretenir avec moi une relation intime.

Frontières endommagées : si je ne puis avoir de relations sans être victime ou agresseur ou les deux, l'intimité ne peut exister. Je ne puis ni m'ouvrir à vous, ni vous écouter de par mon manque de frontières intérieures.

Difficulté à reconnaître sa réalité : je ne puis vous dire ce que je suis si je n'ai pas conscience de mes pensées, de mes sentiments ou de mes actes. Si j'ai besoin de votre regard sur moi, je vais essayer d'influencer vos pensées, vos émotions et vos comportements pour obtenir l'image que je me fais de moi. De toute évidence, cette attitude malhonnête et manipulatrice n'autorise pas le développement d'une réelle intimité.

Difficulté à satisfaire ses besoins et ses désirs : si je suis dans un tel état de dépendance qu'il me faille m'en remettre à vous pour satisfaire mes besoins ou mes envies, notre intimité n'y résiste pas car il s'agit là d'une relation parent-enfant qui ne convient plus à l'âge adulte.

Difficulté à vivre et à exprimer modérément sa réalité : si je vous impose mes émotions extrémistes, vous accule à des solutions extrêmes et vous nuis par mon comportement bizarre, l'intimité ne peut plus s'épanouir. Même si je vous montre qui je suis, le raz de marée est d'une telle violence qu'il vous effraie et vous donne l'impression que j'essaie de vous changer — comportement incompatible avec l'intimité authentique. Il en résulte une tension insupportable. A l'inverse, mon absence d'émotions vous fera sombrer dans le silence et l'ennui. Si je pense, sens et agis de façon immature, je risque fort de voir ma relation romantique se transformer en pseudo-relation parent-enfant excluant toute intimité adulte. Il en sera de même si, sous prétexte de maturité, j'exerce un contrôle absolu sur mes pensées, mes sentiments et mes comportements. La véritable intimité entre adultes repose sur la spontanéité, le plaisir partagé, le respect mutuel et bien d'autres facteurs qu'il est difficile d'établir quand on vit aux extrêmes.

A quelle période de notre vie remontent ces symptômes ?

S'arracher à la dépendance exige de chercher la source de ces symptômes. Bon nombre de dépendants estiment que leur hyper-réactivité ou leur blocage émotionnel relèvent de leur « façon de fonctionner ». Ils font appel à des techniques ou à des compétences sociales pour surmonter ces bizarreries de leur personnalité. Mais je pense qu'examiner notre propre vécu pour y repérer les incidents à l'origine de ces émotions et chercher le moyen de les identifier peut nous libérer du cycle destructeur qui nous empoisonne l'existence.

La deuxième partie de cet ouvrage est consacrée à l'exploration de la nature des enfants et explique comment des familles tant fonctionnelles que dysfonctionnelles affectent leur développement. Cela vous permettra d'explorer votre propre enfance et de découvrir les incidents qui vous ont rendus dépendants.

DEUXIÈME PARTIE

La nature de l'enfant

4

Un enfant apprécié dans une famille fonctionnelle

Tout enfant possède à la naissance cinq caractéristiques naturelles qui font de lui un authentique être humain : il est estimable, vulnérable, imparfait, dépendant et immature. Les enfants naissent ainsi, et les parents fonctionnels les aident à développer comme il convient chacune de ces caractéristiques pour qu'ils deviennent en grandissant des adultes fonctionnels qui se sentent bien dans leur peau.

On observe en outre chez les enfants trois autres qualités qui leur donnent la possibilité de se développer correctement ou de supporter des agressions : 1) un certain égocentrisme nécessaire pour qu'ils se développent intérieurement ; 2) une inépuisable énergie pour la très dure tâche de grandir ; 3) une faculté d'adaptation constituant un atout dans ce processus de maturation qui réclame de constants changements et réajustages. Une famille fonctionnelle accepte de tels traits de caractère chez l'enfant et le soutient dans ses progrès quand il franchit les étapes de son développement.

TABLEAU 1

ÉPANOUISSEMENT DES CARACTÉRISTIQUES NATURELLES
DE L'ENFANT ET CARACTÉRISTIQUES DE L'ADULTE

Caractéristiques naturelles de l'enfant	Caractéristiques de l'adulte mature
Estimable	Autoconsidération sainement éprouvée
Vulnérable	Vulnérable mais protégé par des frontières fonctionnelles
Imparfait	Conscient de ses imperfections et ouvert à la spiritualité. Capable de s'en remettre à une Puissance pour être aidé et triompher de ses imperfections
Dépendant (ayant des besoins et des désirs)	Interdépendant et apte à satisfaire comme il convient ses besoins et ses désirs
Immature	Ayant atteint la maturité propre à son âge

Un enfant est estimable

Une famille fonctionnelle n'a aucune préférence pour tel ou tel de ses membres. Aucun étranger n'est placé plus haut que ses enfants. Ceux-ci sont estimables pour la simple raison qu'ils sont nés. Leur valeur est intrinsèque.

Au début de leur existence, les enfants n'ont pas notion d'eux-mêmes et sont comme des ardoises sur lesquelles vont être inscrites les leçons du « comment vivre ». Leur comportement n'est pas encore structuré en fonction du développement de leur personnalité. Leur apprentissage s'effectue généralement par interaction. Dans un premier temps avec la mère, puis avec la mère et le père. Ils se pénètrent de l'estime que les parents ont pour eux, et cette estime intériorisée devient les fondations de leur autoconsidération. Des enfants sains leur rendent la même estime, fondée d'abord sur leur existence et non leur conduite. Ils peuvent se dire : « Je suis né digne de considération à part entière. »

Comment une famille fonctionnelle doit valoriser ses enfants

Bobby est né dans une structure familiale fonctionnelle. Ses parents l'ont toujours traité comme digne d'estime et, arrivé à l'âge adulte, il avait déjà appris à prendre conscience de sa propre valeur.

Un soir, par exemple, la mère de Bobby lui dit d'une voix calme mais ferme : « Il est huit heures et demie. C'est l'heure d'aller te coucher.

— Je n'ai pas envie d'aller au lit », répond Bobby.

Et sa mère de répliquer :

« Je comprends que tu n'aies pas envie, mais tu n'as que huit ans et à cet âge tu as besoin de sommeil. Demain une longue journée t'attend, et je sais qu'il te faut dormir même si tu n'en as pas envie. Mais il y a plusieurs façons d'aller au lit (sous-entendu : tu peux y aller seul ou je peux t'accompagner) et tu peux choisir celle qui te convient. »

J'appelle cela partager le pouvoir avec l'enfant. Les parents évitent ainsi l'attitude dysfonctionnelle de dire à leur enfant : « Tu ne peux faire que ce que je veux et non ce que tu as envie de faire » (contrôle négatif). L'enfant en retire une liberté de choix dans le cadre d'une structure enrichissante (le sommeil étant indispensable). C'est l'exemple type d'un partage de pouvoir des conflits inhérents aux rapports parents-enfants.

Dans cette famille fonctionnelle, la réponse de la mère est respectueuse à divers niveaux :

• Elle prend note des désirs de son fils et de ses sensations.

• Elle lui transmet la règle et ce qui la motive.

• Elle lui dit comment elle va l'aider à observer cette règle en lui laissant le choix d'aller seul au lit ou accompagné.

• Si Bobby n'avait pas réagi de façon positive, il aurait pu souffrir le lendemain des conséquences relatives au manque de sommeil. Les conséquences épousent la nature de ses actes. Après l'école, il risque par exemple de ne pouvoir se livrer à une activité qui lui plaît parce qu'il n'a pas assez dormi la nuit précédente.

Comme la règle est normale, sensée et motivée, les parents continuent de se conduire en parents, c'est-à-dire qu'ils insistent pour que l'enfant prenne soin de lui. La mère de Bobby, assumant son rôle de parent sur ce mode respectueux et cependant structuré, permet à Bobby de s'estimer et de développer en lui l'autoconsidération.

Bobby apprend en outre que les problèmes de l'existence nous offrent des choix, concept que bon nombre de dépendants n'ont plus, au point qu'ils croient « n'avoir pas le choix » dans certains domaines. L'enfant est par ailleurs éveillé à la notion de partage de pouvoir avec autrui. Plus tard, si Bobby se marie et que lui et sa femme ne sont pas d'accord, ils pourront négocier ce partage de pouvoir et faire des compromis.

Un enfant est vulnérable

En l'absence de frontières pleinement développées, les enfants doivent s'en remettre à leurs parents pour être protégés. Ils sont extrêmement vulnérables et ont besoin de la protection de ceux qui les élèvent dans les domaines physique, émotionnel, intellectuel et spirituel. Ils apprennent comment se protéger et choisir leur moment de vulnérabilité en expérimentant la protection et la vulnérabilité de parents fonctionnels. Par protection, j'entends à la fois que les parents reconnaissent et respectent les droits de l'enfant sur son propre corps, sur ses pensées, sur ses sentiments et sur son comportement même quand ils le guident vers une réalité plus fonctionnelle. Ainsi, si une tierce personne (voisin, enseignant, enfant plus âgé...) commet un abus à son égard, ils interviennent et lui assurent leur protection. Des parents ne doivent en aucun cas prendre le parti de l'agresseur contre leur enfant.

L'enfant doit également expérimenter la vulnérabilité de ses parents, les voir s'ouvrir à autrui dans certaines circonstances, afin d'apprendre les lois de l'intimité et les frontières fonctionnelles qu'il convient de conserver.

Comment une famille fonctionnelle assume-t-elle la vulnérabilité d'un enfant ?

Les parents de Susan sont des adultes fonctionnels dotés de structures-frontières qui leur autorisent une attitude juste à l'égard de leur fille. Des frontières protègent de toutes parts la réalité de Susan. Elle ne subit aucune agression de son entourage familial qui sait lui donner les réponses appropriées dans les domaines sexuel, intellectuel, émotionnel et comportemental. Ni son père ni sa mère ne ménagent leurs efforts pour lui montrer quelles sont leurs frontières de sorte qu'elle puisse développer les siennes et assurer sa protection.

L'une des caractéristiques des familles fonctionnelles est que les enfants y sont protégés — ni trop ni pas assez, juste ce qu'il faut pour les mettre à l'abri des comportements traumatisants — et assistés dans l'élaboration de frontières à la fois souples et solides. Grandissant en présence de systèmes-frontières intacts, Susan en développe un qui lui est propre et la rend capable d'être vulnérable à autrui quand elle n'a rien à craindre, tout en la protégeant contre les agressions extérieures au milieu familial.

Ces frontières l'empêchent également d'offenser les autres, ses parents lui ayant enseigné qu'elle peut avoir un impact positif ou négatif sur eux. Elle apprend donc à ne partager sa réalité qu'à bon escient, consciente que les autres ont, tout comme elle, le droit de protéger la leur.

Un enfant est imparfait

Il est absolument vital de prendre conscience de la nature imparfaite de l'enfant. Les enfants sont faillibles. Ils commettent des erreurs tout au long de leur apprentissage et de leur croissance. De nature, ils sont plus imparfaits que les adultes, n'ayant pas encore vécu assez longtemps pour savoir comment affronter leurs imperfections et agir de manière plus pertinente.

Mais je tiens à souligner ceci : *les membres d'une famille fonctionnelle savent que tout un chacun est imparfait*. Comme je dis à mes patients : « Il n'est personne dont les sanies n'aient une odeur. »

Comment une famille fonctionnelle assume-t-elle l'imperfection d'un enfant ?

Les membres d'une famille fonctionnelle ont tous conscience d'être imparfaits, surtout les parents. Des parents fonctionnels reconnaissent qu'ils peuvent se tromper et ne se posent pas en dieu ou déesse de la famille. Ils sont conscients de leurs erreurs. Ainsi, s'ils échouent (ce qui leur arrive puisqu'ils sont imparfaits) et que cet échec ait des effets négatifs sur un ou plusieurs de leurs enfants, ils font amende honorable, de la même façon qu'ils l'auraient fait avec des adultes. Je juge indispensable d'admettre nos fautes, de nous en excuser, de restituer à nos enfants ce dont on a pu les spolier. Les parents illustrent cette imperfection universelle, et c'est sain. Ils montrent aussi qu'ils savent que leurs enfants sont imparfaits. Ainsi quand ces derniers se trompent ou blessent les autres, ils apprennent à présenter des excuses.

J'ai souvenir d'un incident précis survenu alors qu'un de mes fils avait délibérément brutalisé son frère. J'ai discuté avec l'offenseur du fait que tout geste brutal était intolérable, mais j'ai su lui montrer qu'il restait un membre estimé de notre famille. Puis, je lui ai expliqué qu'il devait présenter des excuses à son frère pour l'avoir brutalisé et qu'il lui faudrait envisager de ne pas réitérer un tel comportement. Sur le vif, il a refusé. Mais je lui ai laissé le temps nécessaire de prendre sa décision. Il a fini par demander pardon à son frère, et travaille depuis à se constituer de solides frontières physiques pour s'interdire toute agression du même ordre.

Des parents fonctionnels doivent aussi veiller à ne pas exiger d'un enfant qu'il fasse amende honorable quand réparation n'est pas due. Il peut arriver que l'offenseur n'ait pas le sentiment d'avoir offensé et que le parent intervenant n'ait pas vraiment compris la situation. Manipulateur ou affabulateur de nature comme tous les enfants, l'offensé peut très bien avoir déformé la vérité dans sa version des faits, de sorte que nulle réparation n'est requise.

Je prendrai pour exemple la petite Jody, quelque peu timide et réservée, et sa sœur Tracy, nettement extravertie et agressive. Si Jody en veut à Tracy, elle n'aura pas la faculté de l'exprimer directement mais le fera sentir de façon plus détournée en « oubliant » par exemple où elle a mis le jouet qu'elle lui a emprunté. Elle connaît l'impact émotionnel d'une telle disparition sur sa sœur et sait que Tracy va entrer dans une colère noire. Quand cette dernière se met à hurler : « Tu ferais mieux de me rendre mon nounours ou alors tu vas voir ! » et qu'elle la frappe sur le bras, la timide petite Jody affiche un air malheureux, innocent et offensé. Il est alors indispensable que les parents connaissent suffisamment leurs enfants pour vérifier le comportement de chacune. Si Tracy déclare : « Non, je ne lui ferai pas d'excuses. C'est elle qui a commencé ! » des parents fonctionnels doivent y prêter attention. L'épisode reconstitué, il leur faut amener les enfants à se présenter des excuses réciproques. Tracy va être guidée à exprimer sa colère autrement que par des cris et des coups. Jody apprendra que cacher ou « perdre » à dessein le bien d'autrui n'est pas une manière acceptable d'exprimer ses ressentiments.

Je n'irai pas jusqu'à prétendre qu'il est très facile d'appliquer ces principes quand on est confronté à des enfants réels, vivants, imparfaits. Mais je suis certaine qu'essayer d'être équitable et direct en matière d'imperfections enfantines et souligner l'importance des excuses est en soi fonctionnel, même si les parents s'en acquittent plus ou moins bien.

Outre l'art de faire face à leurs imperfections et à celles d'autrui, Jody et Tracy apprennent comment observer les règles et ce qui se produit si on s'y soustrait. Mais « qui elles sont » (leur identité) n'est jamais nié quand elles violent les règles. Le message qui leur est délivré souligne que malgré un comportement imparfait, elles restent de merveilleuses petites filles. Leur valeur n'est jamais remise en question pas plus qu'une honte excessive n'est associée aux émergences de leurs imperfections.

Elles ne peuvent pour autant se dispenser d'observer un règlement, et d'apprendre à se responsabiliser dans tous les actes de leur vie quotidienne. Ainsi Jody et Tracy sont appelées à devenir des adultes dotées d'autoconsidération. Elles sauront cerner leurs imperfections tout en continuant de faire l'expérience de leur valeur personnelle.

Je pense que c'est au cours de ces années de formation que nous avons besoin de l'exemple d'adultes sachant se responsabiliser. Les enfants suivent cet exemple et peuvent s'ouvrir à la spiritualité. Si les parents ne se posent pas en dieu ou en déesse, l'enfant acceptera l'idée d'une Puissance Supérieure, susceptible de l'aider et de le guider. A l'inverse, des parents incapables d'admettre leurs erreurs et de s'en excuser jouent le rôle de Puissance Supérieure.

Un enfant est dépendant (besoins et désirs)

Les enfants doivent s'en remettre à autrui pour satisfaire leurs besoins élémentaires. Ils ont également besoin des autres pour satisfaire leurs désirs. Pour résumer l'essentiel, je ne citerai que les besoins fondamentaux :

- Une alimentation saine
- L'habillement
- Un toit
- Les soins médicaux, dentaires
- Le maternage physique
- Le maternage affectif (réclamant du temps, de l'attention, des conseils)
- Des informations sexuelles — guider l'enfant
- Des informations sur les problèmes financiers.

Chacun de ces facteurs est essentiel. Ils s'inscrivent dans les besoins fondamentaux de l'enfant. Une famille fonctionnelle veillera à les satisfaire. Au cours de l'éducation, elle apprendra à l'enfant à se prendre en charge.

Les quatre premiers sont évidents. Mais, en ce qui concerne les quatre derniers, je crois nécessaire d'entrer dans de plus amples détails.

Le besoin de maternage physique est fondamental. Il en est de même pour le maternage affectif. Un enfant a besoin de l'attention de son entourage pour se faire une idée de son importance, pour se savoir écouté et prendre conscience de sa présence dans le sein familial. Ce maternage affectif s'ouvre sur deux types d'information : reconnaître sa propre identité, puis apprendre comment agir dans sa vie quotidienne (comment se faire des amis, s'habiller, demeurer propre, se conduire en garçon ou en fille, etc.).

Les enfants qui bénéficient d'un maternage affectif découvrent leur propre identité. D'une part, par le verbe et les actes des parents qui leur soulignent ce qu'ils sont. De l'autre, en observant leurs parents et la façon dont ils se jugent.

Ainsi une mère qui répète fréquemment : « J'estime qu'il est préférable de dire la vérité, si dure soit-elle », l'enfant se souviendra des nombreuses fois où elle a appliqué ce principe. Il ne peut que se pénétrer de cette valeur.

Information et conseils dans le domaine sexuel constituent également un besoin fondamental pour les enfants. Ils doivent être soutenus et guidés dans leur propre développement sexuel, tant physiologique qu'émotionnel, et recevoir réponses à leurs questions. Ainsi, un enfant se développe sexuellement quand, par exemple, il découvre que toucher certaines parties de son corps lui procure du plaisir. Il est capital que lui soit laissée la possibilité de développer ainsi avec modération sa sexualité sans risque d'éprouver de la honte. Les enfants ont également besoin d'être renseignés sur le développement sexuel.

Autre besoin des enfants : apprendre la valeur de l'argent, comment le gagner, le dépenser, l'épargner, l'investir. En âge de le gérer, il est bien de leur laisser ouvrir leur compte en banque et participer à certaines décisions financières de la famille. Ainsi les parents peuvent réunir un « conseil de famille » et débattre d'un sujet. Les vacances, par exemple.

L'enfant naît avec un manuel d'instructions dont les pages sont encore blanches. Il apprend à les remplir, à connaître ses besoins et ses gestes fondamentaux par échange direct et communication entre lui et ses parents.

C'est au travers des expériences que nous découvrons ce que « vouloir » peut nous apporter de joies dans l'existence. Les enfants développent des désirs qui ne sont pas essentiels à leur survie, tels les jouets, les confiseries, certains vêtements qu'il est chic de porter à l'école, etc.

Mais ce n'est que lorsque sont comblées de pareilles envies qu'ils sont à même de découvrir s'il s'agissait ou non de désirs importants. Ils le découvrent selon le plaisir ou la satisfaction qu'ils en retirent. Ainsi s'accordent-ils des préférences pour certaines marques de soda, de céréales, de vêtements, pour certains films, etc. Et plus tard, ils appliquent la même méthode pour de grands désirs susceptibles d'infléchir leur existence entière, de la faire radicalement changer de direction — désirs touchant à la carrière, au mariage, désir d'enfant, etc.

Comment une famille fonctionnelle doit satisfaire les besoins et les désirs d'un enfant

Nés dans une famille fonctionnelle, les parents de Johnny ont satisfait ses besoins fondamentaux, puis lui ont appris à exprimer ses désirs au fur et à mesure de sa croissance.

Un semblable entourage familial engendre des adultes interdépendants, aptes à percevoir leurs besoins et leurs désirs, à y répondre. Par la suite, ils n'hésiteront pas à réclamer l'assistance d'autrui et sauront choisir les sujets adéquats.

Deux facteurs se présentent dans une famille fonctionnelle : en premier lieu, les adultes sont capables d'identifier leurs propres besoins et désirs. En second lieu, ils savent reconnaître l'émergence d'un besoin ou d'un désir légitime qu'ils ne pourraient satisfaire seuls, et ils savent à qui s'adresser. C'est cette mutuelle prise en charge des besoins et des désirs que je nomme interdépendance.

Par exemple : je ne suis pas très douée pour me dorloter et je ne satisfais mon besoin d'être émotionnellement maternée que lorsque autrui me prend dans ses bras. Le bien-être d'un bain chaud est impuissant à satisfaire mon besoin d'exister. Il me faut la chaleur humaine de mon mari. En quête de tendresse, je la lui demande.

Un enfant est immature

Les enfants se curent le nez dans les magasins, ont des écarts de langage devant le curé, le rabbin ou le pasteur en visite chez eux, parlent et se chamaillent avec leurs frères et sœurs sans retenue dans le silence d'un restaurant. Ils n'arrêtent pas de se battre à l'arrière de la voiture et réclament les toilettes juste quand vous venez de dépasser une station-service. Quiconque est surpris, fâché ou ennuyé de voir son fils de huit ans « agir comme un gosse » néglige cette fondamentale et naturelle caractéristique d'immaturité.

Comment une famille fonctionnelle doit assumer l'immaturité d'un enfant

Les familles fonctionnelles tiennent cette immaturité pour naturelle. Elles savent à quoi s'attendre, selon l'âge de leurs enfants, elles leur en laissent la liberté et ne s'attendent pas à les voir se conduire comme de parfaits petits adultes. Lorsque les actes d'un enfant ne correspondent pas à son âge, des parents fonctionnels l'aident à retrouver un comportement plus conforme à son développement.

Si la petite Janie de huit ans pique une grosse colère au beau milieu du salon, ses parents se gardent de la battre ou de crier. Ils affrontent la crise et interviennent pour aider Janie à trouver la solution de son problème. L'un d'eux se contentera de lui dire : « Pour quelle raison éprouves-tu le besoin de te rouler par terre en hurlant au beau milieu du salon ? » Ni la colère ni le comportement de Janie ne sont passés sous silence, et on l'encourage à agir selon son âge.

Je suis généralement surprise de l'excellente

réaction de mes enfants devant cette approche. Ils n'ont pas à répondre à une agression de ma part, telle que de les gronder : « Arrête ces bêtises ! Cesse de te comporter comme un bébé ! » Si je les aborde avec un « Dis-moi ce qui ne va pas », les criailleries cessent comme par enchantement. Je crois qu'elles n'ont d'autre but que réclamer ces mots de ma part.

Dans une famille fonctionnelle, on aidera Janie à se conduire comme il se doit à son âge, sans jamais exiger d'elle une conduite plus mature. Ses parents ne s'attendent pas à la voir venir leur exposer des problèmes rationnellement, sans pleurs ni cris, tranquillement assise à côté d'eux. En la laissant agir comme une enfant de son âge, elle pourra plus tard se féliciter d'avoir eu une vraie enfance.

Mais que se passe-t-il quand ces cinq caractéristiques naturelles de tout enfant sont confrontées à un milieu familial dysfonctionnel ?

5

Un enfant estimable dans une famille dysfonctionnelle

Souvent, notre société prône bon nombre de valeurs culturelles qui sont inconsciemment néfastes pour les enfants. Il arrive que des parents qui se considèrent comme de bons éducateurs se comportent sur un mode dysfonctionnel à l'égard de leurs rejetons en croyant « agir pour leur bien ».

En réexaminant notre propre histoire pour nous arracher à la dépendance, nous risquons d'avoir à réviser certaines idées reçues concernant ce qui est acceptable ou non dans l'éducation d'un enfant.

Les trois attributs de l'enfance : égocentrisme, énergie inépuisable et adaptabilité, constituent à cet âge les instruments dont chacun dispose pour le processus de maturation qui fera de lui un adulte. Dans les familles dysfonctionnelles, ces trois outils cruciaux sont utilisés *contre* l'enfant. Il n'est pas rare que des parents dysfonctionnels agressent leurs enfants, leur reprochant de se montrer égocentriques, dans le but d'être eux-mêmes le centre de leur vie. Or, un sain égocentrisme est la condition *sine qua non* du développement fonctionnel de l'enfant.

Cette forme de violence parentale draine l'énergie que l'enfant devrait consacrer à sa tâche de grandir. Si on lui refuse le droit d'être ce qu'il est, sa saine faculté d'adaptation l'entraîne dans la dépendance.

Nous autres, adultes, dépendants, nous avons perdu cet égocentrisme, cette énergie sans bornes et cette faculté d'adaptation qui étaient les nôtres dans l'enfance. C'est une vérité qui ne souffre aucune exception, mais chez les adultes fonctionnels, ces trois outils ont accompli leur œuvre dans le processus normal de croissance et ne leur sont désormais plus nécessaires.

Sortir de la dépendance et grandir ont de fortes similitudes : il nous faut apprendre ce que nos parents dysfonctionnels ne nous ont pas appris : nous convaincre de notre valeur intrinsèque, nous doter de frontières fonctionnelles, être conscients de notre réalité et l'admettre, prendre soin de nos besoins et de nos désirs, savoir vivre et exprimer avec modération notre identité. Il en résulte que ce sain égocentrisme — indispensable pour développer notre conscience du réel et notre auto-considération — nous expose aux critiques d'autrui qui n'y voit que de l'égoïsme. Nous découvrirons aussi que la formidable énergie nécessaire pour établir des frontières fonctionnelles et prendre soin de nos besoins et de nos désirs a disparu. Il en sera de même de cette faculté d'adaptation qui permet de sortir des ornières de la dépendance : nous allons nous apercevoir combien il est difficile de changer nos opinions ou nos comportements.

Ayant faussé les valeurs de l'égocentrisme, de l'adaptation et de l'identité de leurs enfants, les parents dysfonctionnels se révèlent incapables de répondre à leurs cinq vertus naturelles : valeur, vulnérabilité, imperfection, dépendance et immaturité. Ils engendrent en eux un sentiment de honte qui leur fait perdre leurs valeurs intrinsèques.

Je citerai l'exemple de Paul, cinq ans, qui, lors

d'un pique-nique, renverse son Coca-Cola sur la chaussure de quelqu'un. Son père, Sam — dont l'autoconsidération est fondée sur le comportement de son fils en public —, se sent couvert de honte parce que l'enfant s'est montré imparfait. Il le gronde, le traite d'imbécile et de maladroit. Sam croit en toute bonne foi appliquer un système éducatif favorable pour apprendre à son fils à se tenir correctement en public et faciliter ainsi son intégration dans la société.

Mais le résultat est que le petit Paul s'effondre émotionnellement et perd tout contact avec le sentiment de sa propre valeur. Loin d'apprendre à s'excuser de ses erreurs, il ressent la honte qui a submergé son père. *Si je fais honte à mon papa au point qu'il se mette en colère,* se dit-il, *c'est que je dois être vraiment un bon à rien.*

Lien entre les caractéristiques naturelles d'un enfant et les symptômes de la dépendance

Naturellement innocents, inexpérimentés et naïfs, les enfants croient ceux qui les élèvent incapables de se tromper. En fait, il arrive souvent que les parents projettent leurs propres défauts sur leurs enfants. Ces derniers perdent alors le sens de leur propre valeur. Dans l'incapacité de découvrir les lacunes de leurs parents et leur absence de frontières, les enfants ne peuvent développer les leurs.

Quand des parents négligent ou agressent les caractéristiques naturelles d'un enfant, celui-ci développe des traits de survie dysfonctionnels pour ne pas sombrer dans la folie et conserver l'image de marque de ses éducateurs. Il s'adapte et restructure son univers mental pour ne pas être ravagé par les sentiments d'indignité et de honte qui accompagnent toute violence subie. Ces traits de survie dysfonctionnels, perversion des caractéristiques naturelles d'un enfant, finissent par se transformer en ces cinq symptômes qui, à l'âge adulte, constitueront le noyau de la dépendance.

Je crois que c'est ainsi que la dépendance s'instaure. Ces traits de survie spécifiques, issus de caractéristiques naturelles de l'enfance et voués à se transformer à l'âge adulte en symptômes fondamentaux de la dépendance, sont illustrés ainsi:

TABLEAU 2

EFFETS D'UNE ÉDUCATION DYSFONCTIONNELLE SUR LES CARACTÉRISTIQUES NATURELLES DE L'ENFANT

Caractéristiques naturelles de l'enfant	Traits de survie dysfonctionnels	Symptômes fondamentaux de la dépendance
Estimable	Moins-que ou mieux-que	Difficulté à éprouver un juste niveau d'autoconsidération
Vulnérable	Trop vulnérable ou gentil/parfait	Difficulté à établir des frontières fonctionnelles
Imparfait	Vilain/rebelle ou invulnérable	Difficulté à reconnaître et à exprimer sa réalité et son imperfection
Dépendant (ayant des besoins et des désirs)	Surdépendant ou antidépendant (sans besoins/sans désirs)	Difficulté à assumer ses besoins et ses désirs d'adulte
Immature	Immature à l'extrême (chaotique) ou exagérément mûr (hypercontrôlé)	Difficulté à vivre et à exprimer avec modération son identité

Valeur de l'enfant dans une famille dysfonctionnelle

Une famille dysfonctionnelle est incapable d'assumer la valeur d'un enfant. Le message qu'elle lui adresse quand il est naturel (vulnérable, imparfait, dépendant et immature) se résume ainsi : « Il y a quelque chose d'anormal chez toi et tu ferais bien d'y remédier. Le fait que tu ne sois pas une parfaite petite personne prouve que tu n'es pas comme il faudrait que tu sois, et ta valeur est moins grande que la nôtre puisque nous autres n'agissons pas comme des gosses. Voilà ton problème. » Ou encore : « Que tu aies tellement besoin de moi signifie que tu n'es pas mon égal. Tu ferais bien de faire un effort pour me rattraper ! » La famille tend à forcer l'enfant à agir à la perfection ou, du moins, comme elle souhaiterait le voir agir. Certains parents inciteront leurs enfants à nier leurs besoins et leurs désirs dans le seul but de n'avoir pas à les satisfaire. Ils ne les aideront pas à se comporter selon leur âge, de sorte que ces enfants se conduiront soit comme des bébés, soit comme leurs aînés.

Ces enfants seront alors victimes d'un complexe d'infériorité. Leur autoestime sera fondée sur le fait qu'ils existent et non sur la perception de leurs actes. Leur valeur sera orientée sur des facteurs extérieurs et superficiels tels un bon carnet de notes, des prouesses sportives, des amitiés flatteuses à l'école, une beauté physique et des avis extérieurs.

Chez certains enfants, le faible niveau d'autoconsidération n'est pas apparent. Ils affichent bien au contraire une attitude arrogante, une tendance à la folie des grandeurs. Cela provient souvent d'une structure familiale où ils ont appris à mépriser les autres, peut-être en suivant l'exemple d'un père ou d'une mère se croyant d'essence supérieure. « N'oublie jamais que nous sommes des

Wilson (ou des Dupont, ou des Durant!), a-t-il pu entendre dans la bouche de ce père ou de cette mère, et que nous sommes les meilleurs. » L'enfant élevé dans ce milieu (quand bien même serait-il l'objet de critiques, voire d'humiliations, de la part des parents) ne peut que développer de la mégalomanie en se plaçant au-dessus des autres pour compenser la piètre estime dans laquelle il se tient.

Un complexe de supériorité se développe également chez certains enfants que leurs parents traitent comme s'ils avaient effectivement plus de valeur que les autres enfants de la famille, voire même plus de valeur qu'eux-mêmes. Ces enfants sont placés sur un piédestal, leurs imperfections sont minimisées ou passées sous silence, et on ne leur apprend jamais que chacun de nous est estimable. Ils n'expérimentent aucune forme de piètre estime de soi masquée par l'arrogance et se croient réellement les meilleurs. Pareille violence parentale par octroi des pleins pouvoirs est extrêmement dure à traiter et peut déboucher sur une véritable catastrophe au niveau des rapports privés.

Billy est né dans une famille dysfonctionnelle. A sa mère qui lui dit qu'il est l'heure d'aller se coucher, il rétorque : « Je n'ai pas envie. » Aussi sa mère l'attrape-t-elle par le bras, le secoue-t-elle et tente de l'entraîner vers la chambre en hurlant : « Tu n'as pas à me répondre sur ce ton! C'est l'heure d'aller au lit et je me fiche pas mal que tu en aies ou non envie. » Dans sa réponse, la mère manifeste son manque de respect pour le fait que Billy conserve sa valeur intrinsèque même quand il refuse d'aller se coucher. Le message sous-entend que sa mère n'est pas du tout d'accord avec ce qu'il éprouve au tréfonds de lui. Il développe alors la conviction qu'il n'a pas de valeur — ou si peu — quand il exprime son angoisse au sujet d'un acte qu'il refuse.

Sa mère peut céder au chantage : « Si tu refuses d'obéir à mes ordres, tu seras privé de jouer dehors pendant une semaine. » Il s'agit là de conséquences démesurées, non plus fondées sur le fait que Billy va manquer de sommeil, mais sur un autre critère sans rapport avec le comportement de l'enfant.

Naît en Billy l'idée que son comportement est lié à l'image que ses parents se font de sa valeur. Il en vient à croire que ce qu'il est — un enfant qui ne veut pas aller au lit — n'a pas de valeur. Il se considère comme « mauvais » parce qu'il n'a pas réussi à avoir envie d'aller se coucher quand on le lui disait. Puis il finit également par s'apercevoir que lorsqu'il va au lit sans faire d'histoires (même s'il lui faut dissimuler l'angoisse qui l'étreint), sa valeur semble reconnue. L'angoisse dont est tissée sa véritable réalité ne trouve aucun écho, et il n'apprend rien d'autre que « Bonjour, la considération ». Billy risque de développer, comme trait de survie, l'obsession de travailler dur pour plaire aux gens, par faute de savoir acquérir une valeur à ses propres yeux.

Caractéristiques d'un adulte dépendant

Quand la valeur d'un enfant se trouve exposée à l'une ou l'autre de ces deux formes opposées mais complémentaires de violence parentale que sont l'humiliation et l'abandon des pleins pouvoirs, il développe à l'un ou l'autre des deux extrêmes le trait de survie correspondant : 1) il se sent inférieur à autrui ; 2) il se comporte comme s'il était meilleur que les autres. Le même symptôme fondamental se retrouve chez l'adulte dépendant : une difficulté à éprouver un juste niveau d'auto-considération. Tant la piètre estime de soi que l'attitude arrogante et la folie des grandeurs découlent d'une même éducation dysfonctionnelle où la valeur propre de l'enfant n'a pas été reconnue.

Certains sujets ne vivent le symptôme qu'à l'un ou l'autre de ces extrêmes, n'éprouvant jamais que peu d'autoconsidération, sinon aucune, ou se croyant à divers degrés sincèrement supérieurs aux autres. Certains oscillent entre les deux positions.

Vulnérabilité d'un enfant dans une famille dysfonctionnelle

L'enfant élabore avant tout le système-frontières dont il a reçu l'exemple. En présence d'un père ou d'une mère dysfonctionnels quant à leurs frontières, il ne saura développer les siennes, ou bien celles-ci seront fortement endommagées : il deviendra « trop vulnérable ». Il marchera au-devant du danger sans même avoir l'idée qu'il court un risque. C'est le cas d'enfants trop confiants qui continuent de s'exposer à leurs parents, aux autres personnes chargées de leur éducation, voire à des étrangers qui, eux-mêmes sans frontières, abusent d'eux. Lorsque, en revanche, un enfant s'entoure des murs qu'utilisent ses parents, il développe le trait de survie de l'invulnérabilité. De tels enfants se protègent des violences en se retranchant derrière un mur de silence ou d'agressivité, ou bien en dressant un mur de paroles ou de colère.

Une famille dysfonctionnelle violente la vulnérabilité d'un enfant quand elle est incapable de le protéger et qu'elle néglige de lui apprendre comment ne pas offenser autrui. Naturellement vulnérables, les enfants n'ont pas encore développé les frontières qui, plus tard, les empêcheront d'être envahis ou d'envahir autrui.

Par exemple : la petite Patsy, dix ans, décide un jour de prendre un raccourci pour aller de l'arrêt de bus à sa maison. Elle traverse le jardin d'un voisin et piétine quelques fleurs. Le voisin, M. Henley, sort de chez lui râteau à la main. « Fiche le camp, gamine, vocifère-t-il ou tu vas voir ce que tu vas prendre ! » Patsy rentre chez elle en larmes, se confie à sa mère dont la réaction est une pluie de reproches. En conclusion, le comportement de M. Henley et de la mère de Patsy est négatif quant à l'imperfection de l'enfant.

De toute évidence en tort, Patsy ne mérite pas la menace d'un châtiment excessif. Son absence de frontières l'a conduite à juger acceptable de passer par le jardin du voisin, et son insouciance à piétiner les fleurs. Patsy a besoin qu'on lui apprenne à respecter le bien d'autrui. Mais ses parents ont également le devoir de la protéger contre la violence de M. Henley. Au lieu de condamner l'enfant, sa mère aurait dû l'emmener chez ce voisin, l'inciter à présenter des excuses et souligner à cet homme qu'elle n'approuvait pas davantage la violence de sa conduite.

Caractéristiques d'un adulte dépendant

Quand la vulnérabilité d'un enfant est soumise aux tensions d'une famille dysfonctionnelle, il grandit avec les frontières dysfonctionnelles de ses parents. Si celles-ci sont inexistantes ou endommagées, par exemple, il deviendra trop vulnérable. Adulte, cette personne continuera de se sentir exagérément exposée et n'agira qu'en fonction de ses frontières endommagées ou inexistantes. Elle ne saura correctement se protéger dans ses rapports relationnels et sera toujours offensée.

Les parents ont-ils recours à un mur de quelque espèce que les enfants s'empressent d'adopter le même pour se rendre invulnérables. Devenus des adultes dépendants, ces enfants pseudo-invulnérables ont appris à dresser des murs plutôt que de saines frontières pour assurer leur protection. Certes, ils sont à l'abri des agressions extérieures, mais également susceptibles d'agresser les autres avec leurs murs. Ils se retrouvent isolés, douloureusement privés de l'intimité qu'une saine relation avec les autres pourrait leur offrir.

Si l'un des parents a des frontières inexistantes et que l'autre utilise des murs, l'enfant risque de passer tour à tour par des positions de vulnérabilité et d'invulnérabilité. Adulte dépendant, il continuera d'osciller entre des frontières inexistantes ou endommagées et des murs sans jamais trouver un équilibre dans ses rapports avec autrui, comme il se doit pour un adulte fonctionnel.

Droit de l'enfant à être imparfait dans une famille dysfonctionnelle

Les familles dysfonctionnelles ne reconnaissent ni ne respectent le fait que, comme tout être humain, l'enfant est imparfait. Il sera agressé pour son imperfection, avec le sentiment qu'il est anormal d'être imparfait. Pour répondre à cette exigence parentale de perfection, une alternative se présente : se soumettre et devenir par trop perfectionniste — ou ne pas supporter cette demande excessive, se rebeller contre les parents, refuser de coopérer avec eux, voire même aller à l'encontre de leurs souhaits. Les parents ont coutume de coller sur de tels enfants l'étiquette de « rebelles » ou de « méchants ».

A l'inverse, les imperfections de l'enfant peuvent être passées sous silence. Ils n'ont pas conscience de leurs défauts et n'apprennent jamais à rendre des comptes quand leur conduite imparfaite a des effets négatifs sur autrui. Ces enfants sont également considérés comme « rebelles », ou « enfants gâtés ». Dans l'incapacité de prendre conscience des blessures ou de l'embarras que leur comportement imparfait suscite chez les autres, ils ne peuvent se sentir responsables de leur imperfection.

La petite Mary, quatre ans, renverse son lait parce que à cet âge les gestes manquent encore de coordination. Mais sa mère l'agresse : « Vilaine, tu n'as pas honte ? Une gentille petite fille ne renverse jamais son lait. Tu ne dois pas recommencer. » La mère de Mary réagit violemment devant le comportement normalement imparfait d'une enfant de cet âge, exigeant d'elle une adresse qui lui est encore inaccessible. Si Mary se montre coopérante, elle s'efforcera de ne plus jamais rien renverser et reportera même ce souci de perfection dans d'autres domaines. Si l'exigence est au-delà de ses forces, elle risque de se rebeller et de tout renverser délibérément, s'acharnant à agir à l'inverse des exigences maternelles.

Kerry a douze ans et vit dans une famille dysfonctionnelle. Un jour, par maladresse, il trébuche dans l'escalier et renverse une plante. « Tiens, voilà notre éléphant dans un magasin de porcelaine », déclare sa mère en ajoutant qu'un gentil garçon doit se déplacer sans rien briser. Un autre jour, furieux contre son frère qu'il traite de tous les noms, il le pousse violemment hors de sa chambre et le fait tomber à la renverse. Leur père le corrige avec son ceinturon sans même chercher à savoir l'objet de leur dispute. Bien sûr, Kerry a besoin qu'on lui apprenne comment exprimer sa colère sans agresser personne. Mais tant l'ironie de sa mère que la correction infligée par son père sont des réactions blessantes et violentes inaptes à lui apprendre comment régler ses comptes avec son frère. Les parents de Kerry se sont retranchés derrière son imperfection pour l'humilier et le brutaliser.

Devenu adulte, cherchant à explorer sa propre histoire, Kerry m'a avoué avoir souffert de sévices corporels durant son enfance. Mais quand je lui ai demandé la cause de ces brutalités, sa réponse fut : « Je l'ignore. » Il n'en avait aucun souvenir.

J'ai vu défiler bien des patients qui ne savaient pas pourquoi on les avait brutalisés. A tous, j'ai dû, à un moment ou à un autre, émettre cette suggestion : « N'est-ce pas tout simplement parce que vous vous comportiez en enfant, la raison de votre oubli ? »

Quand des sujets sont à même de se rappeler les châtiments corporels subis dans l'enfance, la plupart se souviennent des causes : avoir mis, par exemple, le feu à un arbre du jardin et avoir été corrigé en conséquence. Le motif de la punition était clair, même si pareille violence constituait un abus. Il arrive aussi que des enfants n'aient commis d'autre crime que de renverser leur lait, de crier dans leur chambre, d'injurier leurs frères et sœurs et de se battre à l'école. Il en résulte que sévèrement punis pour de pareilles vétilles, adultes, ils ont rarement souvenir de ce qui avait précédé et entraîné la punition. Ces parents n'ont pas admis l'imperfection naturelle de leurs enfants et les ont corrigés pour avoir été simplement eux-mêmes. Kerry, comme bon nombre d'enfants ayant vécu cette expérience, est devenu un adulte perfectionniste.

En revanche, il existe des cellules familiales dysfonctionnelles où l'enfant ayant manifesté quelque imperfection n'est pas tenu d'en assumer les conséquences. Il n'est jamais puni pour ce qu'il a fait, ni informé de ce qu'il aurait pu faire, ni conseillé sur la meilleure manière d'agir. Ces enfants deviennent « rebelles » ou « méchants ».

Les parents qui entretiennent un rapport dysfonctionnel avec les imperfections de leurs enfants n'ont souvent pas conscience de leurs propres imperfections. En me référant à mon expérience de thérapeute, j'aurais tendance à penser que de tels parents n'ont pas une très bonne approche de la spiritualité, bien qu'ils puissent afficher des croyances religieuses. La spiritualité implique tant pour les parents que pour les enfants la reconnaissance d'une Puissance Supérieure. Nous examinerons de plus près cette notion de spiritualité dans la troisième partie.

Caractéristiques de l'adulte dépendant

Souvent, les enfants brutalisés pour avoir commis des bêtises deviennent des adultes perfectionnistes exerçant sur eux-mêmes un contrôle excessif. A l'inverse, ceux qui n'ont jamais eu à répondre de leurs erreurs ou qui ont renoncé à la perfection et résisté aux exigences de leurs parents sont parfaitement susceptibles d'être à l'âge adulte des dépendants révoltés, voire totalement incapables de se contrôler. Perfectionnistes et rebelles « gâtés » ont en commun une difficulté à admettre et à exprimer leur propre réalité comme étant imparfaite. Ils ont perdu toute faculté de voir en eux des êtres normalement imparfaits sans panique, souffrance ou colère. Il s'ensuit une difficulté à percevoir ce que l'on pense, éprouve ou fait — ou encore à se faire une idée de son apparence — parce que toute imperfection émergeant au niveau de la conscience suscite une réaction émotionnelle intolérable. La peur d'échouer à des tests d'aptitude est l'une des caractéristiques des dépendants.

Dépendance d'un enfant dans une famille dysfonctionnelle

Les enfants dépendent de ceux qui les élèvent pour la satisfaction de leurs besoins et de leurs désirs. En conséquence, nés dans une famille fonctionnelle, ils apprennent peu à peu comment les satisfaire seuls et comment, si nécessaire, requérir l'aide des personnes adéquates sans expérimenter des sentiments de honte et de culpabilité. Si l'enfant est pris en charge par une famille dysfonctionnelle, il devient soit hyperdépendant (esclave de ses besoins et de ses désirs), soit antidépendant (sans besoins ni désirs apparents).

Dans les familles dysfonctionnelles, les enfants sont en général confrontés à trois violences fondamentales au regard de leurs besoins et de leurs désirs : 1) avoir des parents envahissants qui se chargent de tout et ne leur laissent rien faire par eux-mêmes ; 2) être agressés pour avoir manifesté tel besoin ou tel désir ; 3) être en butte à l'indifférence de leur entourage pour leurs besoins et leurs désirs.

Dans le premier cas, les parents s'occupent de tout et ne laissent à l'enfant aucune possibilité de se prendre en charge. Ils le rendent hyperdépendant, incapable d'assumer seul ses besoins et ses désirs. Je prendrai pour exemple David, huit ans, qui a faim et demande à manger. Sa mère lui prépare aussitôt un sandwich, mais il ne lui vient pas à l'idée de montrer à son fils comment s'y prendre pour qu'il puisse se débrouiller seul chaque fois qu'il a faim. Quand il aura douze ans, elle continuera de lui préparer ses sandwiches, et il en sera de même quand il aura seize ans. En définitive, David ne saura jamais comment se préparer un sandwich parce que sa mère ne le lui aura jamais appris.

Dans le deuxième cas, agressé par ses parents dès qu'il éprouve un besoin ou un désir, l'enfant apprend très vite qu'il est imprudent de les exprimer. Sammy a faim et demande à manger. « Tu es un goinfre doublé d'un égoïste, lui répond sa mère. Ce n'est pas encore l'heure du repas, et je ne vais pas abandonner mon repassage pour te préparer quelque chose. Tu attendras comme tout le monde. » Sammy a toujours faim, sa mère reste rivée devant sa table à repasser. Alors, sachant désormais qu'il risque une rebuffade s'il exprime une demande, il va dans la cuisine et, non sans mal, s'improvise un casse-croûte en pensant : *Apparemment, il faut que je me débrouille seul quand j'ai faim.*

Dans le troisième cas, les parents ne prêtent pour ainsi dire aucune attention aux besoins et aux désirs de l'enfant, et ce depuis sa naissance. Quand la petite Sherry a faim et qu'elle l'exprime, il est même exceptionnel que sa mère lui réponde. Au lieu d'apprendre à se préparer un sandwich, elle réprime sa faim.

Caractéristiques de l'adulte dépendant

Hyperdépendant, antidépendant ou sans besoins ni désirs, le futur dépendant aura du mal tant à cerner qu'à satisfaire ses besoins et ses désirs d'adulte.

Les adultes hyperdépendants, qui n'ont jamais appris comment satisfaire leurs besoins et leurs désirs, sont conscients d'en avoir, mais consacrent des trésors d'énergie à inciter, par les larmes ou par quelque autre manipulation, leur entourage à les satisfaire. Par exemple, David sait désormais quand il a faim, mais il attend que sa femme lui prépare ses repas et il se plaint si l'on tarde à passer à table. Quand sa femme part pour une semaine chez leur fille qui vient d'avoir un bébé, elle remplit le congélateur et laisse des instructions détaillées sur la manière de décongeler les plats, sachant que David est incapable de se préparer quoi que ce soit. David n'en prendra pas moins presque tous ses repas à la cafétéria voisine parce que mettre un plat congelé dans le four à micro-ondes dépasse tout simplement ses compétences.

Les adultes dépendants qui ont appris dans leur enfance que demander l'aide d'autrui pour satisfaire un besoin ou un désir risquait d'attirer un refus ou une rebuffade ont conscience tant de leurs besoins que de leurs désirs et se débrouillent à merveille pour les satisfaire. A condition toutefois de savoir comment s'y prendre et d'en avoir la possibilité car il n'est pas question pour eux de réclamer de l'aide. Un dépendant antidépendant aimera mieux rester avec son besoin ou son désir insatisfaits que de faire appel à quiconque.

Ainsi, l'adulte qu'est devenu le petit Sammy ne demande presque jamais rien à personne et se sent humilié d'avoir à le faire, quand il est dans l'incapacité de se débrouiller seul. A vingt-huit ans, il a eu un accident de ski et a dû faire un séjour à l'hôpital, une jambe en traction. Un jour, s'éveillant assoiffé par les analgésiques, constatant que sa carafe était vide et ne pouvant se lever pour aller la remplir, il a attendu le passage d'une infirmière. Lorsque celle-ci s'est approchée, il a bafouillé et fini par se taire. L'infirmière s'est éloignée sans avoir remarqué la carafe vide, et Sammy a dû attendre que le garçon de salle qui lui apportait son repas remplisse la carafe une heure plus tard. En résumé, il a préféré mourir de soif pendant deux heures plutôt que de réclamer de l'aide.

L'adulte sans besoins ni désirs est celui dont on a presque ignoré durant l'enfance qu'il pouvait en avoir. De sorte que lui-même n'a désormais que peu ou pas du tout conscience de leur existence. Je reprendrai l'exemple de Sherry qui, adulte, a presque totalement perdu conscience de ses besoins en matière de nourriture, de vêtements, de logement, de soins médicaux et dentaires, de maternage physique et émotionnel, etc., du fait que sa mère n'a jamais manifesté la moindre conscience des besoins que sa fille pouvait avoir à cet égard. Le résultat est que Sherry mange et s'habille n'importe comment, que ses dents la font souffrir et que sa vie affective est un désert, parce qu'elle n'est pas consciente de ses besoins et, par conséquent, ne fait rien pour les satisfaire.

Un autre exemple nous est donné par Sally qui n'a jamais pris conscience de son besoin de maternage physique. Elle ne sait pas qu'elle a besoin d'être cajolée, embrassée, prise par la main. Comme il s'agit là d'un besoin humain fondamental, la frustration dont elle souffre affecte sa capacité d'entretenir des relations fonctionnelles avec autrui.

Un de ses comportements peut être de mal étreindre ou toucher les autres, croyant de bonne foi satisfaire leur besoin de contact physique mais veillant en fait à satisfaire de manière indirecte ce même besoin inconscient en elle. De ce fait, elle risque de ne pas sentir l'éventuel mouvement de recul de qui jugerait son attitude inconvenante.

A l'autre extrême, Sally peut n'être pas du tout démonstrative sur le plan physique, se refuser à embrasser ou à être embrassée. Ses intimes se sentent mal à l'aise quand ils ont envie de la serrer dans leurs bras ou de la toucher, et ils attendent de sa part des témoignages physiques d'affection. Mais, hélas, ce genre de dépendants « sans besoins ni désirs » ignorent ces démonstrations indispensables au bien-être de leurs proches et souhaitées par eux.

Immaturité d'un enfant dans une famille dysfonctionnelle

Naturellement immatures, les enfants soumis à une éducation dysfonctionnelle finissent par être totalement désorganisés ou par exercer un contrôle exagéré sur eux-mêmes, selon que leur famille attend d'eux qu'ils se montrent plus matures ou moins, sans tenir compte de leur âge.

Sarah et Donna sont deux sœurs élevées dans une famille dysfonctionnelle. On a toujours attendu de Sarah qu'elle se montre plus mûre que son âge. A quatre ans, sa famille eût aimé la voir agir comme une enfant de huit ou neuf ans, supporter en silence et sans s'agiter la longueur des services religieux, et savoir bien se tenir au restaurant. A partir de huit ans, elle dut s'occuper de sa jeune sœur Donna chaque fois que leur mère sortait faire les courses, lesquelles prenaient parfois tout l'après-midi. Donna avait trois ans quand ce schéma s'est installé, et Sarah s'est souvent sentie dépassée par sa tâche, terrifiée à l'idée que Donna ne se blesse pour n'avoir pas été assez surveillée. Elle savait la punition qui l'attendait s'il arrivait quelque chose à sa sœur. Devoir veiller sur elle au lieu d'aller faire du vélo avec des enfants de son âge la faisait bouillir de rage. Elle devint une aînée particulièrement hargneuse. Bousculée dans son évolution, elle n'eut jamais le loisir de vivre son enfance.

A l'inverse, sa cadette eut toujours le droit de se comporter comme si elle était beaucoup plus jeune. A huit ans, Donna piquait encore des colères puériles devant lesquelles les siens capitulaient. Donna drainait tant d'attention, de sympathie, de réconfort en usant de ces subterfuges qu'elle n'apprit jamais ce qu'on devait attendre d'elle à huit ans et plus tard.

Il arrive qu'on subisse ces deux types de violence dysfonctionnelle à différentes périodes de son enfance.

Caractéristiques de l'adulte dépendant

A l'âge adulte, les deux résultantes d'une immaturité enfantine mal prise en compte (chaos total ou contrôle exagéré) engendrent une même difficulté à vivre et à exprimer avec modération sa réalité. Il est vraisemblable que l'avenir de Sarah sera celui d'une dépendante exagérément mûre, ne cessant de se contrôler, tandis que Donna restera immature et brouillonne tant dans sa vie que dans ses relations avec autrui. Ni l'une ni l'autre n'ont eu en grandissant l'occasion d'agir en conformité avec leur âge. Il ne leur fut consacré ni le temps ni l'attention nécessaires pour qu'elles sachent comment gérer correctement leur existence.

6

Les ravages émotionnels des abus

L'éducation dysfonctionnelle nous endommage de diverses façons. Elle peut marquer notre corps ou porter atteinte à sa santé, nous charger de graisse excédentaire ou nous réduire à l'état de squelette. Elle peut également fausser notre forme de pensée, nous éloigner de la spiritualité et susciter en nous des comportements absurdes. Mais je crois que ce sont, avant tout, les ravages émotionnels que nous essuyons par les violences de cette éducation qui gâchent profondément notre vie d'adulte dépendant.

Éprouver des émotions saines est une expérience positive. Nos émotions ne sont pas nuisibles si elles sont exprimées de manière saine et fonctionnelle, sans violence envers quiconque. Chacune d'elles a son rôle à jouer dans l'ensemble des ressources qui nous sont indispensables pour mener une vie pleine et fonctionnelle.

La *colère* nous donne l'énergie dont nous avons besoin pour prendre soin de nous. Elle nous permet de nous affirmer, d'être nous-mêmes. Il est toujours possible d'user d'une saine colère pour servir au mieux nos intérêts, en l'exprimant sans violence (ni envers nous-mêmes ni envers les autres).

La *peur* nous aide à nous protéger. Avoir peur, c'est s'ouvrir à l'éventualité d'un danger proche, comprendre la nécessité d'y parer. De saines peurs nous empêchent de nous fourvoyer dans des situations ou des relations que nous pourrions avoir à regretter.

La *douleur* nous motive dans la quête d'une maturité croissante. Le cours normal d'une vie saine est semé de problèmes qui sont sources de souffrances dont on sort grandi. Hélas, pour s'être entendu répéter que des individus matures n'ont ni soucis ni chagrins, bon nombre d'entre nous, assaillis par les deux, en ont conclu qu'ils n'étaient pas normaux.

Les problèmes et les difficultés de la vie quotidienne montrent que nous sommes tous appelés à souffrir de temps en temps. Un individu fonctionnel utilise cette souffrance comme un moyen de résoudre ses problèmes, d'apaiser leurs séquelles, d'acquérir cette sagesse que tout un chacun doit tirer des inévitables situations pénibles. Bref, de poursuivre son processus de maturation. Réprimer la souffrance, refuser d'y faire face ou y remédier par certains moyens négatifs nous maintient dans l'immaturité.

La *culpabilité* est un signal d'alarme qui nous prévient quand nous transgressons une valeur importante à nos yeux. Se sentir coupable aide à modifier notre comportement et à remettre en pratique nos valeurs.

La *honte* nous donne ce sentiment d'humilité grâce auquel nous savons n'être pas la Puissance Supérieure. Une saine honte nous rappelle que nous sommes faillibles et qu'il nous faut acquérir un comportement responsable vis-à-vis de nos actes. Elle nous apprend à corriger nos impacts négatifs sur autrui et à prendre conscience des imperfections humaines. Elle nous met aussi en relation avec une Puissance Supérieure pour vivre une vie d'adulte mûr et responsable. On expérimente la honte chaque fois que l'on se surprend en train de commettre une erreur.

Nous sommes tous imparfaits, mais les enfants plus que les adultes parce qu'on ne leur a pas encore appris à corriger certaines de leurs imperfections pour s'adapter à la société. Les parents doivent réagir à la faillibilité enfantine quand elle s'exerce dans des domaines où son effet sur l'enfant même ou sur la société risquerait d'être négatif.

Je n'ai pas le sentiment que cette saine honte puisse spontanément naître de l'intérieur, à l'instar de la colère, de la souffrance, de la peur et de la joie. Je la crois plutôt transmise de génération en génération par le processus de correction auquel les parents soumettent leurs enfants.

Corriger les défauts d'un enfant sans l'agresser, dans le respect de sa personne et le sincère souci de l'aider, ne peut que déclencher chez lui le processus *naturel* de la honte. Prenons comme exemple un petit garçon qui se cure le nez dans un centre commercial, et une mère qui veut lui apprendre à ne pas le faire, sans pour autant provoquer chez lui une honte exagérée. « Stan, dira-t-elle, on ne met pas ses doigts dans son nez en public. Je veux que tu arrêtes. Tiens, voilà un Kleenex, mouche-toi. » Cette approche est excellente lorsqu'un enfant est assez grand pour comprendre et réagir en conséquence. Stan se sentira gêné et développera ainsi une saine honte.

Il n'en est pas de même chez l'enfant gourmandé de façon humiliante, coercitive et irrespectueuse : il se sent, non pas simplement gêné, mais inférieur à autrui, inadapté et sans valeur. Nous en étudierons ultérieurement les conséquences.

A l'inverse, un enfant élevé dans une famille qui

ne corrige jamais ses travers ne développe pas de honte — pas même sous une forme saine. Je découvre chez un tel sujet de la peur, de la colère, de la souffrance et de la joie, mais aucune honte. C'est pourquoi j'estime que la honte ne se forme pas de l'intérieur mais qu'elle relève d'un apport extérieur donné par les parents au cours du processus de correction des imperfections. De tels enfants, ignorant la honte, n'ont pas la possibilité de reconnaître leur propre faillibilité et manifestent en général une grande arrogance, car ils pensent que tout ce qu'ils font est acceptable. Quelqu'un émet-il une objection sur leur comportement, qu'ils ont le sentiment qu'on s'est mépris sur eux ou sur leurs actes, ou encore ils y voient une méchanceté gratuite de la part de l'objecteur.

Comment notre culture analyse les émotions

Dans notre civilisation, les émotions sont réparties en « bonnes » et « malsaines ». Colère, peur, chagrin, culpabilité et honte entrent dans la catégorie des émotions négatives ou malsaines. La joie est considérée comme positive. Hélas, cette classification manichéenne est erronée et dysfonctionnelle.

L'un des messages dysfonctionnels émis par notre culture est la condamnation des émotions dites négatives. Il est dit aux enfants que les adultes, exerçant un contrôle sur eux et dont les actes sont couronnés de succès, sont « rationnels » à tout instant. Ce qui implique le refus des émotions dites « malsaines ». A l'âge adulte, le message prend souvent cette forme : « Si tu es vraiment mature, tu ne dois pas éprouver ce genre de sentiments. »

Il en résulte que si une personne reconnaît et

exprime ce genre d'émotions, elle est immature. L'exprime-t-elle modérément qu'elle est dite émotive (entendu comme le contraire de rationnelle). Et s'il s'agit d'émotions qui se manifestent avec une intensité extrême, la personne est déclarée démente. L'un des symptômes majeurs de la dépendance étant précisément la certitude de sombrer dans la folie lorsque nous ne contrôlons plus nos émotions ; notre culture nous rend souvent honteux et coupables de ce que nous sommes.

Autre message culturel : « Serait-il acceptable de se laisser aller à certains sentiments en présence de proches (famille ou amis), alors qu'il en est d'autres que nous ne devons jamais éprouver ? » Dans notre société, par exemple, un homme n'a pas droit à la peur. A-t-il peur qu'il se fait traiter de lâche. Parallèlement, si la peur est acceptable chez une femme, censée être faible et vulnérable, la colère ne saurait être admise. Une femme en colère est une virago, une sorcière. La colère de l'homme, en revanche, est licite : par elle, il manifeste sa virilité.

La souffrance n'est admissible chez aucun des deux sexes. Cette fois, le message est le suivant : « Tu es en droit d'écarter la douleur, alors prends ce qu'il te faut pour la supprimer. » Or, affronter la douleur et en tirer un enseignement est source de sagesse et de maturité. En nous refusant cette expérience volontaire de la souffrance, j'estime que notre civilisation fait de nous des êtres immatures. Nous n'avons jamais appris comment supporter la souffrance et l'utiliser pour progresser.

Honte et culpabilité

La honte est également une émotion étrangement gérée par notre société. Nous avons le droit d'en éprouver, mais nous ne sommes pas censés en parler. En conséquence, bon nombre d'entre nous perdent de vue que ce sentiment est monnaie courante dans notre vie. C'est particulièrement désastreux pour les dépendants car, comme nous allons le constater, la dépendance repose en grande partie sur la honte. De ce fait, comment guérir si nous ne pouvons ni extérioriser ni discuter de ce sentiment ? Les dépendants qui ont réagi aux violences subies dans l'enfance par une attitude arrogante éprouvent encore plus de difficultés, parce qu'ils ont totalement refoulé leur honte ou ne l'ont jamais développée dans leur jeune âge.

A l'instar de la culpabilité, de la douleur ou de la joie, la honte est une émotion. Mais elle affecte tout particulièrement notre sens de la valeur, nous fait prendre conscience de notre imperfection. Elle nous responsabilise et nous met en relation avec la Puissance Supérieure. La honte est donc le sentiment fondamental qui influe sur « ce que nous sommes ».

La *honte naturelle* (c'est-à-dire saine) nous souffle que nous sommes des êtres imparfaits et non des dieux. Elle éveille en nous un sentiment de gêne plus ou moins accentué, mais sans exagération quand nous nous surprenons à commettre une erreur ou à commettre un acte imparfait. « Tout compte fait, je ne suis qu'un être humain ! » se dit-on. Notre gêne peut être légère ou forte, mais elle ne sera jamais intolérable. La honte nous signale que nous portons tort à nous-mêmes ou à autrui. Elle attire l'attention de notre moi conscient sur l'erreur que nous venons ou sommes en train de commettre et sur la nécessité de la réparer ou de changer de conduite.

Être à même de ressentir cette honte naturelle nous donne deux atouts dans la vie : d'abord, la conscience d'être imparfaits qui nous permet de comptabiliser nos actes et d'entretenir avec autrui des relations d'égal à égal. Puis l'occasion de comprendre que nous ne sommes pas la Puissance Supérieure. Cette humilité nous permet d'avoir recours à la spiritualité. La honte est un régulateur intégré qui nous protège de la mégalomanie quant à nos facultés et nous rend notre statut de créature et non de Créateur. La faculté d'assumer notre propre honte fait de nous des êtres spirituels libres et sensibles. A mon avis, le programme des douze étapes, processus de guérison, exige ce contact spirituel. Chacune des douze étapes repose soit sur la responsabilité, soit sur la spiritualité. L'authentique spiritualité nous invite à établir une relation avec Dieu.

La culpabilité est une sensation inconfortable. Tout acte ou toute pensée transgressant notre système de valeurs nous torture. La culpabilité est souvent confondue avec la honte naturelle, sensation tout aussi inconfortable mais uniquement soutenue par le sentiment d'être imparfait.

Je puis, par exemple, me sentir coupable d'avoir menti parce que dire la vérité fait partie de mon système de valeurs. J'éprouverai de la honte, en revanche, et je me sentirai gênée si quelqu'un me voit trébucher en descendant un escalier. Je n'ai transgressé aucun système de valeurs mais je me suis simplement montrée maladroite en public. Dans le premier cas, si quelqu'un a découvert mon mensonge et m'en a fait la remarque, je me sentirai honteuse en sus de coupable, car j'aurai été prise en flagrant délit d'imperfection.

Un dépendant n'a pas une idée très nette de la différence entre honte et culpabilité : il se croit souvent coupable alors qu'il n'est que honteux. Mais, comme nous l'avons vu précédemment, ces deux émotions concourent à nous inspirer humilité et sens des responsabilités, outils essentiels à la conduite de notre vie. Chacune a sa place dans le registre d'émotions d'un individu sain et fonctionnel. Je vous suggère, en cas d'incertitude, de vous poser la question suivante : « Ai-je contrecarré mes propres règles de conduite, ou ne suis-je qu'en train de me surprendre — ou d'être surpris — à commettre une erreur ? »

Émotions héritées

Quand j'ai commencé à travailler avec des patients qui avaient subi des abus notables durant l'enfance, j'ai constaté chez eux une présence inhabituelle et intense de honte et d'émotions incoercibles. Les enfants traumatisés semblent faire plus tard l'expérience de la honte, de la peur, de la douleur et de la colère à un degré sans commune mesure avec la réalité de la situation d'adulte — parfois non agressive — à laquelle ils sont confrontés. Il semble que ces réactions émotionnelles disproportionnées soient consécutives aux agressions subies dans l'enfance. A force d'écouter mes patients, il m'est apparu que tout s'était passé comme si, jadis, au cours de l'expérience traumatisante, ils avaient recueilli les plus fortes émotions de leur agresseur, celui-ci ayant alors « induit » chez eux des émotions qui les auraient poursuivis jusqu'à l'âge adulte.

J'en ai déduit que l'éducateur qui fait violence à un enfant a perdu contact avec sa saine honte, sans doute pour souffrir lui-même d'une honte incoercible provoquée par les violences qu'il a subies durant sa propre enfance. En conséquence, un enfant agressé par un parent honteux mais inconscient de l'être développe une honte induite par personne interposée.

Le fonctionnement des circuits électriques nous offre une analogie. Le courant alternatif passant par une bobine se trouve induit dans une seconde bobine proche de la première. Sont pareillement induites chez l'enfant victime d'une agression les émotions particulièrement intenses qui, au même instant, assaillent le parent agresseur. Ce processus semble surtout se produire avec la honte. Mais colère, peur ou peine peuvent également l'établir.

Lorsque des sujets vivent une émotion, ils dégagent une énergie qu'autrui peut capter. J'ai remarqué que me tenir à moins de cinquante centimètres de certaines personnes me dispense de leur demander ce qu'elles sentent. Leur colère, leur peine ou leur joie devient évidente. Nos émotions ont probablement plus d'impact sur nous-mêmes et sur les autres que tout autre élément de notre réalité, et sans que nous ayons même conscience de cet impact.

Toujours est-il que mon expérience clinique révèle l'origine des puissantes émotions induites au cours de l'enfance par un acte traumatisant. Plus tard, à l'âge adulte, les sujets traumatisés revivront ces émotions sans pour autant les identifier. Elles se manifesteront sous forme de réactions affectives disproportionnées avec l'événement présent. L'induction d'émotions chez un enfant peut aussi bien se produire quand l'abus parental reste passif (négligence ou abandon) que lorsqu'il est actif (agression verbale ou physique).

La réalité affective héritée : une expérience écrasante

La différence entre les émotions héritées de nos parents et les émotions saines est que les premières sont écrasantes et les autres vives mais supportables. Si nous éprouvons de la « colère héritée », nous écumons de rage. La « peur » s'ouvre sur la panique. S'il s'agit de « douleur héritée », nous sommes au désespoir, dans un état de dépression profonde, voire même tentés par le suicide. Quant à la « honte héritée », elle nous souffle que nous ne valons rien.

Les pharmaco-dépendants meurent de la drogue si rien ne vient les en arracher. Toutes sortes de dépendants meurent par suicide, par « accident », pour s'être négligés médicalement ou n'avoir jamais vraiment pu vivre à part entière, c'est-à-dire avoir vécu comme des morts-vivants. Les dépendants déprimés ne prennent aucun soin d'eux-mêmes quand apparaissent les symptômes d'une grave maladie, ou bien ils se montrent « insouciants » et collectionnent des accidents toujours susceptibles de leur être fatals.

Le tableau 3 met en parallèle le vécu des sensations et de l'affectivité héritées des parents.

TABLEAU 3

ÉMOTIONS SAINES/ÉMOTIONS HÉRITÉES OU INDUITES

Vécu des sentiments	Réalité affective	Expérience induite ou émotions héritées
Sentiments de puissance et d'énergie	Colère	Rage
Impression de sagesse et de protection	Peur	Panique ou paranoïa
Conscience de mûrir et de guérir	Douleur	Désespoir et dépression
Humilité et conscience d'être faillible	Honte	Sentiment d'être inférieur aux autres

L'expérience de la honte héritée

La honte m'apparaît pouvoir être à la fois un don de Dieu ou l'héritage d'une violence subie. Quand il s'agit d'un don de Dieu, cette expérience de notre honte naturelle nous rend conscients de notre nature faillible. Mais la honte issue d'un abus est comparable à l'expérience dévastatrice d'une honte héritée. Ce type de honte amoindrit la perception de notre valeur intrinsèque et cultive en nous le complexe d'infériorité.

Le problème n'est pas tant de se sentir imparfaits et d'avoir à répondre de nos actes (comme la honte naturelle nous y invite) que ce sentiment d'infériorité cruellement expérimenté. Nous pouvons nous sentir mortifiés, sans valeur aucune et affreusement mal dans notre peau. Quand cet héritage de honte nous assaille, nous ne voulons plus voir personne ni être vus de quiconque. Il nous devient impossible de regarder les gens en face ou de leur parler sans être à la torture. Et, s'il nous arrive de nous sentir « perdus » quand ce type de honte nous submerge, l'explication qui s'impose à nous, le plus souvent, est que nous sombrons dans la démence.

Je baptise *crise de honte* cette irruption de la « honte héritée » dans notre vie. Lors de telles crises, vous pouvez éprouver la sensation que votre corps a rétréci. Vous pouvez rougir, avoir envie de disparaître, de vous enfuir ou de vous cacher sous votre chaise. Vous vous croyez souvent le point de mire et il n'est pas rare que vous ayez des nausées ou des vertiges. Vous pouvez aussi vous mettre à parler d'une voix enfantine. Et on observe une nette tendance à se rejouer mentalement la scène, portant ainsi la honte à son comble. Bref, une crise de honte se vit en général comme une épouvantable impression d'imperfection.

Comment des émotions sont-elles induites chez un enfant ?

Nous apprenons à vivre une réalité émotionnelle induite par suite de violences subies. Le principe est le suivant : *Chaque fois qu'un éducateur principal fait violence à un enfant tout en NIANT sa propre réalité affective ou en REFUSANT D'EN ASSUMER LA RESPONSABILITÉ, les émotions concernées ont de fortes chances d'être induites chez l'enfant. Elles le submergent alors qu'elles ne sont pas les siennes.*

La seule façon susceptible de juguler un tel transfert émotionnel serait la présence de solides frontières intérieures chez l'enfant. Hélas, chez lui, ces dernières n'ont pas encore atteint leur plein développement et sont incapables d'opposer une résistance aux émotions de l'adulte offenseur.

Dans une famille abusive, les parents ne cessent de se comporter de manière irresponsable avec leurs émotions ou de les nier. Ces mêmes émotions s'installent chez les enfants et deviennent une partie de leur noyau affectif.

C'est essentiellement la honte qui est ainsi transmise, parce qu'il est *éhonté* d'abuser d'un enfant sans défense. Est «éhontée» toute personne qui, niant sa propre honte au cours de l'agression, la transmet directement à l'agressé. La honte naturelle de l'enfant lui donne le sens de sa faillibilité. Mais, s'il s'y ajoute la honte des parents, alors il expérimente un sentiment d'infériorité incoercible.

Dans toute cellule familiale, même fonctionnelle, il se peut que parfois les parents n'agissent pas au mieux des intérêts de l'enfant. Nul parent n'est parfait. Tout éducateur, parent ou autre, est occasionnellement susceptible de se révéler piètre pédagogue. Toutefois, dans une cellule fonctionnelle, les parents s'estiment responsables de leurs manquements à l'égard de l'enfant. Ils font l'expérience de leur propre imperfection — en éprouvent une honte saine et naturelle — et présentent des excuses à l'enfant, lui épargnant ainsi d'être submergé par sa propre honte et par un sentiment de nullité.

Mais lorsque, dans une cellule dysfonctionnelle, les parents s'obstinent à nier leurs sentiments de honte, l'enfant voit grandir en lui sa propre honte. Il développe un noyau de «honte induite» qui ne cesse de lui répéter qu'il a moins de valeur que les autres.

LA RÉPÉTITION DES ABUS CRÉE UN NOYAU DE HONTE CHEZ L'ENFANT

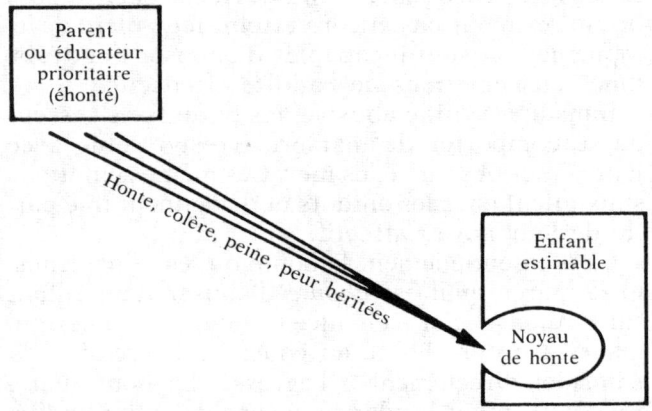

C'est sur ce message: « Tu as moins de valeur que les autres », que se fonde le premier symptôme de la dépendance. C'est pourquoi l'on désigne la dépendance comme un trouble à base de honte.

État émotionnel d'un éducateur

Les éducateurs dysfonctionnels sont essentiellement sujets à la honte. Ils sont incapables de sentir leur honte naturelle, refoulée ou enclose dans le noyau de honte induit en eux par leurs propres éducateurs. Agir sous le contrôle d'un noyau de « honte héritée » prédispose les individus à ne pas prendre correctement en charge l'éducation de leurs enfants.

De tels éducateurs ne cessent d'accumuler tout ce qui peut nourrir une pseudo-considération, pour combattre ce sentiment d'indignité issu de leur noyau de honte. Ainsi, quand un enfant commet une sottise en public, ce comportement innocent déclenche une crise de honte chez le parent, crise qui l'amène à commettre des excès à l'égard de l'enfant.

A mon avis, les parents ainsi culpabilisés sont rarement de bons parents. Ils font violence à leur enfant soit en l'agressant, soit en le négligeant et en se montrant distants.

Comment d'autres émotions peuvent être transmises à l'enfant au cours de l'agression

Si les parents ignorent ou se soucient peu des sentiments de l'enfant, ce dernier peut hériter des pulsions parentales. Lorsque Glenda renverse son lait sur la table et que son père explose, la punit et crie, la fillette, en plus de la honte, s'imprègne de la colère paternelle. Si l'expérience se renouvelle fréquemment, il est probable que, plus tard, le psychiatre de Glenda découvrira cette colère en plus de son facteur de « honte héritée ».

Dans la même situation, Glenda peut expérimenter un sentiment de peine induit par autrui : sa mère assiste à la scène. D'une certaine façon, elle est consciente que la colère de son mari est disproportionnée. Elle en souffre, mais au lieu de gérer sainement ses émotions et de défendre Glenda, elle les réprime et se dégage de toute responsabilité. Si Glenda se rend compte que sa mère ne fait rien pour la protéger, elle se retrouve imprégnée de ces sentiments de peur et de peine émanant de sa mère.

Trouver les origines de leurs sentiments extrémistes est indispensable pour les dépendants.

Bon nombre de dépendants en cure font état de sentiments correspondant à cette description. J'ai remarqué que mettre en lumière l'implication des parents se révèle souvent positif.

Un autre exemple du transfert de la douleur nous est offert par le cas d'une mère qui ne cesse de gémir dans le giron de sa fille pour dénigrer son mari. Paradoxalement, la mère se sent soulagée, tandis que sa fille se laisse abattre par le malheur de sa mère. En grandissant, elle continuera de porter en elle, dans son noyau de honte, cette souffrance irrationnelle et n'aura pas la moindre idée de ce qui la rend si sensible à la douleur. Avant d'entrer en traitement, elle aura probablement consacré l'essentiel de son temps à tenter de porter remède aux peines, aux peurs et aux colères des autres dans l'espoir de calmer en elle ces mêmes émotions.

La peur peut être induite chez un enfant quand l'agression parentale devient coutumière. La mère de l'une de mes patientes avait commencé de la battre lorsqu'elle était bébé et ce jusqu'à l'âge de quatre ans. Elle avait cédé ensuite à l'insistance de la famille et s'en était abstenue. Lorsque ma patiente entra en traitement, elle vivait dans une frayeur quasi permanente. Je me suis finalement rendu compte que cette peur était en elle, parce que sa mère, en exerçant ses sévices, ne possédait pas cette notion de peur susceptible de lui faire sentir qu'elle faisait du mal à son enfant. A titre personnel, j'ai noté ma faculté d'induire des sentiments chez mes propres enfants. Je me souviens d'un jour où je faisais la vaisselle en ronchonnant parce que Pat, mon mari, venait d'acheter une nouvelle épave qu'il avait garée devant la maison.

Un de mes fils est entré dans la cuisine et, au bout d'un moment, il m'a lancé :

« Dis, maman, tu es en colère ?

— Non. Tout va bien. »

Il m'a posé plusieurs fois la question et je n'ai cessé de lui faire la même réponse. J'ai donc nié ma colère... et devinez qui en a écopé ? Mon fils. Dix minutes plus tard, il se battait avec son frère en utilisant cette colère que je n'avais su m'avouer. Chaque fois que je nie ma réalité affective, mes enfants l'assument à ma place, s'ils se trouvent dans les parages.

Pour bien agir, j'aurais dû répondre : « Oui, je suis en colère, non contre toi, mais à cause de cette épave garée dans le jardin. » J'aurais dû assumer mes émotions et mon fils serait reparti jouer tranquillement, sans plus s'inquiéter de mon humeur.

Si des enfants sont continuellement agressés, et par différentes personnes, la honte les assaille de toutes parts. Il suffit parfois d'une seule violence pour qu'ils soient submergés par une foule de sentiments (voir le cas de Glenda). Si les incidents se répètent, se forme un énorme noyau de honte, et les émotions du dépendant adulte risquent d'être presque entièrement dominées par sa réalité affective, héritée ou induite. Il en résulte l'impression de sombrer dans la démence. Ce degré de dépendance est extrêmement difficile à traiter.

Qu'est-ce qui génère les émotions ?

Bien qu'il y ait plusieurs facteurs pouvant déclencher nos émotions, il en est un qui me semble particulièrement important. Parallèlement aux émotions héritées de l'enfance, *d'autres émotions sont générées par nos pensées*. De ce fait, elles influencent nos sentiments déjà excessifs. Notre forme de pensée est alors déformée. Nous la croyons normale, mais la façon dont nous réagissons émotionnellement paraît souvent bizarre à notre entourage.

C'est au travers de nos cinq sens que nous percevons ces sentiments. Par exemple, nous captons une remarque ou un regard sur le visage de quelqu'un. Nous en tirons des conclusions, nous nous forgeons des interprétations et finissons par donner un sens erroné à ce que nous avons entendu, vu, ou encore goûté, senti, respiré.

De ce processus de réflexion vont naître des émotions conditionnées par nos pensées. Et ces émotions vont nous faire adopter tel ou tel comportement. Si j'interprète une remarque perçue comme une critique, je vais peut-être me mettre en colère et riposter de façon tout aussi cinglante, ou bien je vais avoir peur et interrompre ma relation avec la personne qui a émis cette remarque. De même, si je donne un sens réprobateur à l'expression d'un visage, je risque de me sentir honteuse et de chercher à plaire à cette personne. Toujours est-il que la remarque aura déclenché douleur ou honte chez la dépendante que je suis, parce que je l'aurai interprétée comme une critique personnelle. En revanche, si je perçois cette même remarque comme la boutade ou le compliment d'un tiers qui m'estime, je serai peut-être amenée à rire et à me réjouir au lieu de me chagriner, car telle sera ma façon de penser.

TABLEAU 4

EFFETS DE L'INTERPRÉTATION SUR LES ÉMOTIONS ET LE COMPORTEMENT

Donnée →	Interprétation →	Émotion →	Comportement
Remarque	Critique	Colère	Sarcasme
Remarque identique	Critique	Peur	Retraite
Remarque identique	Amour Amitié	Joie	Rire
Expression surprise	Réprobation	Honte	Effort pour plaire

Nous ne pouvons modifier nos émotions, qui surgissent en fonction des événements. En fait, il est dysfonctionnel de réprimer une colère ou une peur quand telle est notre réalité affective. Assumer une émotion implique de prendre acte de nos sensations et de les exprimer correctement. Si, par exemple, votre remarque m'irrite, je puis choisir de me taire et de ne pas vous agresser avec un sarcasme. Mais j'aurai encore en moi ce bouillonnement de colère que je pourrais ne pas éprouver si j'étais capable de réfléchir correctement et de déceler que cette remarque n'était pas une critique mais un compliment. Je pense qu'il est efficace d'examiner nos pensées pour réduire l'intensité de nos émotions, plutôt que de modifier notre comportement. J'ai aussi la conviction que nous devons essayer d'exprimer nos émotions, quelle qu'en soit l'origine, par des comportements sains et dénués d'intentions agressives.

Toutefois, étant dépendante, je prends rarement

conscience que les violences subies dans mon enfance me conduisent vers une interprétation négative, alors qu'une interprétation positive serait plus pertinente. Mon mari a résumé en quelques mots la façon dont mon jugement erroné génère en moi des flambées d'émotions irrationnelles. Il soutient n'avoir pas exactement dit ce que j'ai entendu. « Pia, tu fais entrer des informations impeccables sur ton clavier sensoriel, mais lorsque ton mental les traite, elles n'ont plus aucun rapport avec la réalité. Je ne sais pas comment tu te débrouilles pour systématiquement donner ce genre de signification à ce que je viens de dire ou de faire. »

Je « transforme » donc les informations au fur et à mesure qu'elles sont traitées par mes traumas du passé. Mon mental perçoit l'information et la déforme. Ce que ne ferait pas un mental fonctionnel. Si on m'adresse un compliment sincère, par exemple, je vais le transformer en subtile insulte, y voir un sarcasme de par les violences que j'ai subies dans mon enfance. Et, pour tout arranger, je n'en ai pas la moindre conscience ! A mes yeux, mon mental fonctionne à la perfection, et je reste convaincue qu'il s'agit d'un sarcasme jusqu'à ce que le contraire me crève les yeux.

Il en résulte que nos actes découlent d'une réalité affective émanant d'un mental erroné. Ainsi pouvons-nous constater pourquoi nous autres dépendants attirons systématiquement les ennuis sans jamais comprendre d'où ils viennent ! En toute bonne foi, nous pensons agir normalement. De surcroît, nous sommes persuadés que ce sont les autres qui ont un comportement étrange, se montrent irrationnels ou exagérément critiques.

Nous, les dépendants, sommes enclins à abuser de nos enfants involontairement

Ce noyau de honte, ce fardeau d'émotions induites et ce mental faussé sont à l'origine de la souffrance et de la confusion, de l'isolement et de la solitude dont sont tissées nos vies d'adultes dépendants. Nous subissons l'héritage de nos parents dysfonctionnels qui eux-mêmes n'ont su agir au mieux de nos intérêts et nous soutenir dans les étapes de notre développement. En conséquence, nous sommes, à notre tour, incapables d'élever nos enfants de façon fonctionnelle tant que nous n'avons pas affronté notre propre dépendance et commencé à nous en libérer. Quelle que soit la colère que nous éprouvons en regard du passé, ou le désir d'offrir à nos enfants le soutien affectif que nous n'avons pas reçu, nous resterons impuissants à les aider si nous persistons à nier nos symptômes de dépendance. Voyons maintenant comment nous sommes susceptibles de transmettre ce mal à nos enfants.

7

De génération en génération

Bien qu'il nous faille chercher les racines de la dépendance dans les expériences traumatisantes de l'enfance, c'est le noyau de honte qui perpétue le mal de génération en génération. Chaque fois qu'on insuffle un sentiment d'infériorité, le sujet pense, ressent et agit en dépendant.

La « crise de honte » qui submerge le parent et le conduit à exercer des violences contre l'enfant induit donc chez ce dernier la honte parentale. Cet enfant héritera, en grandissant, du même problème que son éducateur dysfonctionnel. Ainsi ce mal se répercutera de génération en génération et s'aggravera si les deux parents d'un individu souffrent de dépendance. C'est, à mon avis, la raison pour laquelle ne cessent de croître le stress et l'angoisse.

TABLEAU 5

LES RACINES DE LA DÉPENDANCE entretiennent LE GÉNÉRATEUR qui mène à la DÉPENDANCE et génèrent LES RACINES DE LA MALADIE CHEZ LES ENFANTS.

LES ABUS DURANT L'ENFANCE créent LA HONTE et s'installent les SYMPTÔMES qui engendrent de nouveaux abus envers les enfants.

Ce tableau montre comment les « racines de cette maladie » alimentent le « générateur », soit le noyau de honte, qui finit par entraîner la dépendance. Par effet de répercussion, ces symptômes de dépendance instaurent de nouvelles racines chez les enfants de parents dépendants.

Chacun des cinq symptômes de la dépendance donne lieu à des formes spécifiques d'éducation dysfonctionnelle :

• Lorsque nous sommes dans l'incapacité de reconnaître notre identité et notre propre valeur, nous en cherchons les preuves à l'extérieur ; nous sommes également incapables d'identifier celles de nos enfants. Au lieu d'une saine estime de soi, nous leur inculquons une pseudo-considération en les louant pour ce qu'ils *font*, pour leur apparence, leurs bonnes notes, etc., et non pour ce qu'ils *sont*. Nous sommes enclins à leur faire honte pour leurs bêtises, leurs imperfections et autres caractéristiques normales de l'enfance, parce que nous projetons sur eux et sur leur comportement le sens de notre propre valeur.

• Quand nos frontières sont inexistantes ou endommagées, nous avons tendance à méconnaître la vulnérabilité de nos enfants et à leur faire violence. Bien évidemment, nous ne leur apprenons pas à développer leur propre système de frontières, et ils s'alignent sur les nôtres. En voulant tout contrôler, nous nous posons en divinités omnipotentes de la famille, interférant avec les relations que l'enfant pourrait avoir avec une Puissance Supérieure.

• Si nous sommes inaptes à cerner et à exprimer notre réalité physique, nos pensées, nos émotions et notre comportement, il nous est pratiquement impossible de laisser à nos enfants la liberté d'avoir leurs propres émotions, comportement, pensées et réalité physique. Ayant pour mission de les guider vers des jugements sains, il devient dysfonctionnel de leur interdire le droit et la liberté de penser et de ressentir ce qu'ils éprouvent au tréfonds d'eux-mêmes. Il est tout aussi dysfonctionnel de leur faire honte ou de les agresser sur leur aspect physique, leur habillement, leur comportement. Des parents sains peuvent s'opposer à toute extravagance, mais doivent respecter la dignité de l'enfant.

• Si nous éprouvons une difficulté à prendre soin de nos besoins et de nos désirs d'adulte, notre capacité de veiller correctement sur nos enfants est tout aussi réduite. Ainsi, au lieu de protéger leurs enfants, des parents hyperdépendants finissent souvent par leur apprendre à satisfaire les besoins de leurs éducateurs. Antidépendants, ils leur donnent la conviction qu'il est honteux de demander de l'aide et, bien souvent, ne leur apprennent pas à satisfaire correctement leurs besoins, surtout ceux qui requièrent l'assistance d'autrui. Quant aux parents sans besoins ni désirs, ils ont tendance à couver leurs enfants. Ils ne font alors que satisfaire ces besoins et ces désirs qu'ils éprouvent à leur insu.

• Lorsqu'on éprouve une difficulté à vivre et à exprimer raisonnablement son identité, sans passer d'un extrême à l'autre, faible est la faculté de procurer un milieu stable à l'enfant. Tant dans le désordre total que dans un excès de contrôle, l'enfant ne sait comment mûrir. On peut également ne pas savoir suivre l'évolution naturelle d'un enfant et, de ce fait, ne pouvoir l'aider quand il a besoin d'agir en fonction de son âge.

TABLEAU 6

SYMPTÔMES FONDAMENTAUX ET DÉFICIENCE ÉDUCATIVE

Symptômes fondamentaux de la dépendance	Effets sur nos enfants
Difficulté à établir des frontières fonctionnelles	Incapacité de leur éviter de transgresser les frontières
Difficulté à reconnaître et à exprimer leur propre réalité	Incapacité de leur permettre d'avoir leur propre réalité et d'être imparfaits
Difficulté à assumer besoins et désirs d'adulte	Incapacité de les former correctement et de satisfaire leurs besoins et leurs désirs
Difficulté à vivre et à exprimer avec modération leur réalité	Incapacité de leur procurer un environnement stable

Les secrets de famille se renouvellent

Autre répercussion classique de la dépendance sur nos enfants : tout « secret » issu des traumas de notre enfance et non traité a de fortes chances d'être réitéré par eux. Je prendrai l'exemple d'une jeune fille de quinze ans qui, enceinte après avoir été violée, s'est fait avorter. Elle n'en a jamais rien dit à quiconque, pas plus qu'elle n'a affronté ce trauma. Plus tard, mère de famille, elle risque de voir sa fille tomber enceinte et tenter de faire une fugue pour avorter, exorcisant inconsciemment l'existence d'« une violence sexuelle dans la famille ». Un jeune homme pourra devenir le « voyeur » du quartier par suite des expériences enfantines et non traitées de son père, en matière de violences sexuelles. De tels faits vous semblent peut-être étranges, mais ils se présentent quotidiennement dans l'exercice de ma profession. La dépendance détient bon nombre de secrets liés à la sexualité.

Bien que surprenant, ce phénomène courant a un rapport sur l'endommagement des frontières. L'enfant ne prend pas conscience du secret occulté par ses parents. Mais, comme ni lui ni ses parents n'ont de frontières bien développées, l'enfant pressent que le comportement sexuel de son père ou de sa mère est inadéquat, de par leur trauma non traité au cours de leur enfance. L'enfant adopte alors un comportement identique. Qu'il devienne voyeur ou cède à des pulsions anormales, il n'en est guère conscient. Il ne fait que réitérer un trauma subi par l'un de ses parents. Ainsi, un enfant en bas âge pourra être tripoté par un baby-sitter choisi par le parent qui, dans l'enfance, a subi un attentat sexuel dans les mêmes circonstances.

Le secret de famille peut déboucher sur d'autres comportements tels l'alcoolisme ou le vandalisme, mais on ne cesse de retrouver ses traces de génération en génération. Le raisonnement logique ne nous fournit aucune preuve ponctuelle de ce phénomène. Nous ne pouvons que le constater. Aussi, je pense que les abus négligés et l'absence de frontières jouent un rôle capital dans la transmission de ces secrets de famille que l'on voit se renouveler sur plusieurs générations.

Après avoir évoqué les diverses formes de violences susceptibles d'engendrer une dépendance chez l'adulte, nous allons maintenant les étudier en détail dans la troisième partie de ce livre. Les abus d'ordre physique, sexuel, émotionnel, intellectuel et spirituel activent le processus de honte et conduisent à la dépendance adulte.

Dans le tableau 7 est récapitulé le processus que nous venons d'étudier.

Caractéristiques des dépendants entérinées par la société

Il est important de noter que les traits de survie qui se développent chez les enfants se situent aux deux extrêmes, de même que les symptômes de la dépendance adulte. Notre société a tendance à croire que ceux qui manifestent les caractéristiques d'un complexe de supériorité: arrogance, invulnérabilité, perfectionnisme, antidépendance, maîtrise, sont des gens sains et bien adaptés. Il n'en reste pas moins que leur souffrance provenant de leurs relations conflictuelles, d'une insatisfaction professionnelle ou du stress souligne qu'ils ne sont pas des adultes fonctionnels. Tout sujet qui manifeste des traits de caractère passant d'un extrême à l'autre souffre de dépendance.

TABLEAU 7
RÉCAPITULATIF DE LA DÉPENDANCE

Caractéristiques naturelles de l'enfant	Traits de survie dysfonctionnels	Symptômes de la dépendance adulte	Sens déformé de soi-même et relations dysfonctionnelles	Éducation dysfonctionnelle sur nos enfants
Estimable	« Moins-que » ou « Mieux-que »	Difficulté à éprouver un juste niveau d'autoestime	Contrôle négatif (contrôler la réalité des autres pour nos propres fins)	Incapacité d'estimer nos enfants à leur juste valeur
Vulnérable	Trop vulnérable ou invulnérable	Difficulté à établir des frontières fonctionnelles	Ressentiment (éprouver le besoin de punir l'entourage pour le mal que nous supposons avoir subi)	Incapacité de ne pas transgresser les frontières de nos enfants
Imparfait	Agressif/rebellion ou supérieur/parfait	Difficulté à exprimer notre propre identité ou réalité et nos imperfections	Spiritualité déformée ou inexistante (éprouver une difficulté à reconnaître une Puissance Supérieure)	Incapacité de permettre à nos enfants d'exprimer leur identité et de se montrer imparfaits
Dépendant (avec des besoins et des désirs)	Trop ou pas assez assujetti aux autres ou sans besoins ni désirs	Difficulté à prendre soin de nos besoins et de nos désirs d'adulte	Fuir la réalité (user de drogues, sombrer dans la maladie physique ou mentale pour fuir notre propre identité)	Incapacité de bien materner nos enfants
Immature	Immature à l'extrême ou mature à l'extrême (trop de contrôle sur soi-même)	Difficulté à exprimer modérément notre réalité ou notre identité	Déséquilibre dans les relations intimes (difficulté à partager notre identité et vivre par personne interposée)	Incapacité de procurer un environnement stable à nos enfants

TROISIÈME PARTIE

Les racines
de la dépendance

8

Affronter les abus

La dépendance étant le résultat d'une éducation dysfonctionnelle ayant fait violence aux caractéristiques naturelles d'un enfant par des actes agressifs, ou des négligences, la guérison implique que l'on récapitule les expériences vécues au cours de l'enfance afin de découvrir les actes de violence ou d'une fausse éducation. Faire le point sur sa propre histoire est la deuxième étape pour se libérer de la dépendance.

Principaux événements à explorer dans votre vécu

Voici quelques repères pour vous aider à faire le point sur votre histoire personnelle :

1) Examinez chaque année de votre vie, de la naissance à l'adolescence.

2) Énumérez les humiliations subies, en précisant leur nature et leur auteur. Le plus souvent, ces responsables sont vos principaux éducateurs : parents, tuteurs, beaux-parents, parents adoptifs, éventuellement grands-parents naturels, par alliance ou adoptifs. Peuvent également intervenir d'autres membres de la famille : tantes, oncles, cousins, ou des éléments extérieurs : un prêtre,

un pasteur, un baby-sitter, un enseignant, un moniteur d'éducation physique, un chef scout, etc. Au cours de leur thérapie, certains sujets ont identifié de graves violences sexuelles perpétrées par des entraîneurs dans les vestiaires du gymnase. Il se peut aussi que des enfants soient agressés par des inconnus.

3) Il est essentiel de ne pas se concentrer sur le fait de savoir si la personne qui a commis la violence voulait ou non vous faire mal. Quand vous explorez votre propre histoire, l'intention d'un tiers n'est pas déterminante. De par mon expérience, j'ai découvert que la majorité des agressions exercées dans le cadre de ma famille n'étaient pas délibérées.

En cherchant à savoir si vos parents avaient ou non l'intention de vous blesser, vous risquez de minimiser ou de nier la violence de ce que vous avez subi. Vous allez vraisemblablement refuser de noter ces incidents « douteux » et d'en parler. Or la violence est la violence, et toute violence, intentionnelle ou non, a un effet négatif sur l'enfant. Les adultes appréhendent mieux des agressions délibérées, car la violence involontaire est plus difficile à exhumer et à identifier. Ne vous obstinez donc pas sur l'intention quand vous récapitulez votre passé, en quête des traumas subis.

4) Tenez vos agresseurs pour responsables mais éliminez tout reproche. Rechercher ce qui vous est arrivé a pour but de mettre fin à l'inconsciente conspiration du silence autour des comportements traumatisants au sein de votre famille. Tenir le parent agresseur pour responsable n'implique pas la rancune. Il s'agit simplement d'assumer la perception de vos traumas et de reprendre contact avec la réalité affective qui fut la vôtre après ces événements.

Se poser en accusateur entraîne un processus de

pensée qui ne peut que nuire au processus de guérison. Ainsi serez-vous tenté de conclure : « Je suis ainsi par ta faute et je n'ai pas les moyens d'y changer quoi que ce soit. Je vais me braquer sur tes intentions et je n'en démordrai pas. » Le reproche vous enchaîne à l'auteur de la violence, de sorte que vous attendez un changement de son comportement pour guérir. Rien de tel pour renforcer le pouvoir de l'offenseur et vous mettre en position de victime sans défense, incapable de se protéger ou de changer. Le reproche ne peut que cultiver votre mal, voire même vous y enfoncer.

Voir les faits sous l'angle de la responsabilité signifie prendre acte de ce qui est arrivé et savoir qui en est l'auteur. Cela vous offre la possibilité d'agir au mieux pour vous protéger, d'effectuer les changements nécessaires pour vous arracher à cette violence passée. Le processus de responsabilité vous donne le pouvoir d'avancer vers la guérison, ainsi que des outils pour aborder la vie. Peu importe l'attitude présente de l'offenseur.

5) Évitez de comparer votre histoire à celle des autres. Il n'en résulterait que minimisation et refus. Wendy se compare à Janet et dit : « C'est affreux ce que Janet a subi. Jamais je n'oserai lui parler de ce qui m'est arrivé. Ça n'a rien à voir. » Or, ce qui VOUS est arrivé est capital. Si vous en avez ressenti de la honte, notez-le. Et souvenez-vous que nous avons fortement tendance à minimiser les abus qu'ont pu commettre nos parents.

6) Quatre expressions doivent être bannies de votre vocabulaire dans la rédaction de votre histoire personnelle : « bon », « mauvais », « avoir raison », « se tromper ». Ce sont des jugements portés sur les autres. Or, il suffit de les tenir pour responsables de leurs actes.

Utilisez le mot « dysfonctionnel » pour décrire un comportement pénible, humiliant, qui a lésé vos intérêts d'enfant. Si vous désirez, au contraire, évoquer un comportement qui vous fut profitable, qui vous a aidé à vous sentir mieux dans votre peau, ayez recours au terme « fonctionnel » plutôt que d'employer le qualificatif « bon ».

7) Concentrez-vous sur ceux qui vous ont élevé et non sur vous-même en tant qu'éducateur. Bien qu'il vous faille devenir conscient et responsable de l'éducation dysfonctionnelle que vous dispensez, portez votre attention non sur cette éducation, mais sur l'impact de votre propre comportement à l'égard de vos enfants. Il s'inscrit dans votre processus de guérison. Si vous vous obstinez à ne voir en vous qu'un personnage malsain, il vous sera impossible de cerner les violences de votre enfance. Or, ce sont ces dernières qui sont l'instrument de votre guérison tant sur le plan individuel que parental.

Si vous vous répétez : « Je suis cause de tous les problèmes de mes enfants », vous vous engluez dans la maladie et perpétuez le reproche dont vos parents se sont déchargés sur vous au cours des violences. Il est fréquent que des parents disent à l'enfant qu'ils agressent : « C'est ta faute si je te bats (te fais violence). Rien ne serait arrivé si tu étais rentré à l'heure de l'école. » De par la honte et le comportement parental, vous étiez probablement convaincu d'être en faute. Il n'en reste pas moins que vous perceviez intuitivement une situation anormale dans votre famille. Plus tard, devenu adulte, en vous efforçant de récapituler votre histoire, vous risquez d'éprouver cette honte induite et de vous détourner du comportement parental pour vous braquer sur le vôtre et vous blâmer comme vous l'avez été jadis.

Un enfant est exagérément humilié quand le sens qu'il a de sa propre valeur en tant qu'être humain se voit contesté. J'estime que toute expérience d'humiliation excessive est une violence, qu'elle soit ou non tenue pour telle par la société. Il est dur pour des adultes de faire face aux sentiments de honte induite. Mais ce sont eux qui les mettent sur la voie d'incidents susceptibles d'avoir été des expériences traumatisantes décisives. Pour s'arracher à la dépendance, il est capital de reconnaître le caractère abusif de telles expériences.

8) Lorsque, dans le chapitre suivant, vous passerez en revue les cinq catégories de violences (physiques, sexuelles, affectives, mentales et spirituelles) dont vous avez pu être victime de la part de vos éducateurs, gardez en mémoire que ces mêmes violences peuvent être exercées sur l'enfant par ses pairs ou par la société.

Souvent, un enfant doté d'un trait physique ou d'un défaut particulier devient la risée des autres enfants : des oreilles décollées, des pieds trop grands, une vilaine denture, une taille supérieure à la moyenne, une maigreur excessive, une obésité ou quelque autre handicap de naissance. Ce type de honte liée à la réalité corporelle d'un individu peut altérer sa sexualité à l'âge adulte.

Les minorités ethniques n'échappent pas à l'agression et à l'humiliation.

Enfin, l'homosexualité ressentie souvent dès l'enfance est un facteur qui engendre le trouble et la honte, face à une société qui en refuse la nature.

Récapituler son histoire personnelle est une condition préalable au traitement

Il existe au moins trois raisons pour lesquelles examiner notre passé est indispensable, si l'on ne veut pas compromettre notre guérison.

1) Évoquer les traumas de l'enfance vous permet d'analyser les effets négatifs de votre éducation. 2) La guérison exige que soient évacués les chocs émotionnels engendrés par les violences subies. Or, il est exclu de pouvoir établir un lien entre cette réalité affective et ce qui s'est passé si l'on ignore la nature des incidents. 3) L'une des caractéristiques de ceux qui ont été élevés dans des familles dysfonctionnelles est de se lier à l'âge adulte à des sujets qui dégagent la même atmosphère émotionnelle que leur famille génétique. S'ils n'analysent pas leur passé, il leur est virtuellement impossible de distinguer les dynamiques dysfonctionnelles qui régissent leur famille actuelle.

Néanmoins, cette mémorisation se révèle la plupart du temps difficile. Certains sujets se découvrent impuissants à rassembler leurs souvenirs, comme s'ils avaient occulté des années de leur enfance. Pourquoi ces trous de mémoire ?

9

Défenses contre l'exhumation des traumas

Certains patients en cure s'aperçoivent qu'ils ont des trous de mémoire quant à certaines années de leur enfance. Ils peuvent, par exemple, ne rien se rappeler avant l'âge de six ans, ou se révéler amnésiques entre six et sept ans, alors qu'ils se souviennent des événements qui se sont produits avant ou après. Comme nous allons le constater, enjoliver un souvenir ou l'occulter est l'une des façons qu'utilise l'enfant pour se défendre des expériences insupportables. Il fait appel à des dispositifs protecteurs dits mécanismes de défense.

Les mécanismes de défense

Les mécanismes de défense sont les outils dont dispose un esprit sain pour ne pas être submergé par les expériences pénibles ou menaçantes.

Exemple : l'insensibilité provisoire qui fait obstacle à l'émergence de nos émotions après la mort inattendue d'un être cher. Dans des conditions normales, le mécanisme de défense finit par se retirer, laissant libre cours au chagrin désormais atténué, mais il peut aussi rester en place, faussant ou voilant en permanence les sentiments. Il devient alors extrêmement difficile pour le sujet de cerner et de vivre la réalité de son existence passée.

Pour nous dépendants qui avons grandi dans des familles dysfonctionnelles, ce recours à de telles défenses nous a permis de survivre, car elles ont amoindri nos chocs émotionnels. Ces défenses peuvent avoir fonctionné à la perfection quand nous étions enfants, avoir préservé notre équilibre mental et affectif, voire même notre vie. Sans elles nous nous serions peut-être suicidés ou réfugiés dans la démence. Mais, au cours de notre évolution, ces secourables et salvatrices défenses ont souvent outrepassé leur rôle protecteur pour se muer en barrières infranchissables qui nous ont empêché de voir s'installer en nous les symptômes destructeurs de la dépendance adulte.

Acquérir la claire connaissance de ce qui nous est arrivé et être capable d'en parler est la meilleure façon d'affronter la dépendance et de s'en libérer. Il nous faut donc savoir et comprendre comment ces mécanismes de défense peuvent continuer à nuire à notre vie quotidienne.

Nous examinerons dans cet ouvrage six mécanismes de défense psychologique. Trois d'entre eux : *répression*, *suppression* et *dissociation* sont généralement les premiers à être utilisés dans l'enfance pour soutenir le choc des traumatismes. Toutefois, lorsqu'ils continuent d'opérer à l'âge adulte, une bonne partie de notre histoire échappe à une prise de conscience. Les trois autres mécanismes : *minimisation*, *refus* et *illusion* sont apparemment ceux qui nous troublent lorsque nous tentons d'évaluer notre degré de dépendance et que nous cherchons à retrouver trace de notre passé.

Causes de comportement confus ou angoissé

Quand nos mécanismes de défense font obstacle aux souvenirs que nous devrions garder de notre famille abusive, nous risquons plus tard — sans même nous en rendre compte — d'épouser la copie conforme du parent qui nous aura fait violence. Si, en grandissant, nous avons déformé ou réprimé plusieurs ou tous les souvenirs de nos années de formation, nous sommes aveugles à l'éventuelle ressemblance entre notre conjoint ou conjointe et le parent abusif. Nos mécanismes de défense, ne cessant d'opérer, nous empêchent de réaliser que nous avons épousé une personne susceptible de nous aider à reconstituer ou à réitérer le passé. Étant de même incapables de percevoir la réalité de nos pensées, de nos émotions et de nos comportements, nous ne saurons répondre différemment à des situations que nous jugerons insurmontables. Notre première réaction sera de nous croire fous. Tel est le trouble dont se plaignent les dépendants qui entament un traitement : « J'ai l'impression d'être dingue, complètement déconnecté. » Ce sont des mécanismes de défense qui nous débranchent de la réalité de notre vécu.

Ne pas avoir accès à son histoire personnelle ou en avoir une vision déformée contribue à cette sensation de démence. En revanche, l'identifier nous permettra de nous libérer et de ne plus être contrôlés par le passé.

Répression, suppression et dissociation

Répression, suppression et dissociation sont d'usage courant chez les enfants pour surmonter les traumas dont ils sont victimes. Ces mécanismes évacuent de la mémoire consciente l'expérience qui, sinon, submergerait l'enfant et le maintiendrait dans un état de douleur et de peur insupportable. Si vous avez des trous de mémoire, il est fort probable que vous ayez eu recours à l'un des trois pour vous protéger.

La *répression* est l'oubli inconscient et automatique de faits dont le rappel serait trop douloureux. La *suppression* est le choix conscient de ce même oubli. Quant à la *dissociation*, elle implique que l'enfant sépare mentalement « qui il est » de l'être physique subissant la violence. Il transpose ailleurs ce moi intime, en un lieu où l'expérience traumatisante ne puisse être vue, entendue, sentie ou vécue de quelque manière. Les enfants réservent habituellement ce processus de dissociation aux violences lorsqu'ils sentent leur vie menacée. Ils craignent soit de se voir détruits psychiquement, soit de ne pouvoir survivre physiquement à des situations telles que l'inceste, le viol ou une raclée particulièrement brutale.

Dans la répression, les souvenirs douloureux et terrifiants sont automatiquement relégués sous le seuil de la conscience et y sont pour ainsi dire perdus. L'individu qui a ainsi réprimé un incident ne peut le retrouver à l'âge adulte par un acte volontaire et conscient. Le souvenir n'est plus disponible. A l'inverse, l'incident peut être désocculté à n'importe quel instant si son oubli provient d'une démarche consciente.

Je prendrai l'exemple de Brad qui, enfant, vit son père battre sa mère. Il la voit étendue par terre, avec du sang sur la figure. S'il a recours à la répression, il n'aura plus tard aucun souvenir de la scène. S'il la supprime en songeant consciemment : « C'est trop affreux pour que je m'en souvienne, je vais l'oublier », il l'oublie. Dans l'un et l'autre cas, il reste conscient pendant toute la durée de la violence et la vit totalement. Il y assiste, est assailli par les émotions et les pensées qu'elle lui inspire.

Dans les deux cas, l'information concernant la scène sera occultée par l'inconscient. Mais si Brad use de répression, la disparition se produira sans qu'il le sache et le souvenir réprimé ne sera plus disponible, même si (dans son enfance ou plus tard en tant qu'adulte) il cherche à l'exhumer. En revanche, il est fréquent que le souvenir supprimé revienne en mémoire, soit parce qu'on a fait l'effort de l'exhumer, soit par une lecture sur les traumas de l'enfance. Elle peut vous faire prendre conscience que vos symptômes d'adulte trahissent quelque violence subie dans le passé. Ainsi, tenterez-vous de retrouver le trauma.

Quand Brad, « adulte immature », est entré en cure, la manière dont il s'est présenté a démontré qu'il usait encore de ces mécanismes de défense que sont la répression et la suppression. Je m'en suis aperçue lorsque je lui ai demandé de me parler de son enfance et que son récit concernant cette période a tourné court et est resté très fragmenté. Il n'a pu se souvenir de certaines années et de certains détails concernant telle ou telle personne, m'a annoncé carrément : « Je n'ai aucun souvenir, Pia. Je ne puis vous raconter l'histoire de mon enfance parce qu'elle m'est inconnue. »

Mais lorsque je lui ai expliqué les différents types de violences, Brad a pu voir resurgir le souvenir réprimé et me dire : « Mon Dieu, il m'est arrivé la même chose, et ça m'était complètement sorti de la tête ! » Ainsi, avec des aides extérieures telles qu'une conférence sur les violences à l'égard des enfants, la lecture d'un livre sur ce sujet ou la présence dans un groupe de membres ayant subi de tels sévices et qui s'en rappellent, Brad peut exhumer de son inconscient les détails de son histoire personnelle supprimés consciemment.

La *dissociation* — qui fait disparaître l'événement violent de la conscience de l'enfant à l'instar de la répression — se produit quand physiquement l'enfant demeure sur les lieux de la violence et continue de la subir, alors que son mental l'élimine. Suppression et répression laissent, en revanche, l'enfant recevoir la violence de plein fouet sous ses trois formes : physique, émotionnelle et mentale.

Au cours d'une dissociation, la prise de conscience s'élimine de trois façons différentes. La protection est croissante et les difficultés de l'acquérir aussi. Dans un premier temps, le sujet se déplace, s'assied ou demeure spectateur avec une sensation de vide en lui. Il peut également se pencher et voir l'événement avec un total détachement. Le troisième refuge se situe au tréfonds de lui. Il ne voit, ne sent ni n'entend plus rien de ce qui se passe au-dehors. Le souvenir est souvent décrit comme la sensation d'un trou noir. Si l'enfant s'y laisse glisser, il lui sera particulièrement difficile de reconstituer plus tard les détails du trauma. Je pense que ce troisième refuge est celui qui répond aux violences les plus dures.

Lorsqu'un adulte commence son traitement et qu'il a usé de la dissociation, il présente les mêmes caractéristiques qu'un sujet ayant usé de répression. Il y a des vides dans son histoire. Toutefois, l'événement resurgit parfois sous forme de régression spontanée.

La lecture de ce livre risque de déclencher en vous des régressions spontanées. C'est un fait rare. Mais voici comment il se présente. Cette résurgence de souvenirs perdus se produit presque toujours dans un milieu thérapeutique et sous la conduite d'un guide. Si, comme son nom l'indique, cette régression apparaît spontanément dans le cadre d'une thérapie de groupe — travaillant sur ce sujet précis —, elle est habituellement provoquée par le thérapeute au moyen de techniques appropriées.

Durant ces régressions spontanées, le patient remonte dans son passé pour revivre un événement dramatique de son enfance. Alors que les souvenirs réprimés ou supprimés peuvent réapparaître au cours de la conversation thérapeutique sous forme d'expérience mentale comportant un certain degré de détachement, ceux qui, assis, les yeux fermés, vivent une régression spontanée ont le sentiment de vraiment revivre l'événement. Leurs émotions sont intenses, et souvent leur corps retrouve les mouvements que faisait jadis l'enfant pour échapper à la douleur. L'inconscient n'ayant pas la notion du temps, le souvenir de la violence ramène le mental du patient à l'époque où se situait le drame. Il le vit à nouveau comme il l'a vécu jadis.

Il arrive que pour fuir ce retour de la violence, le sujet applique une nouvelle dissociation. Mais cette fois, elle s'opère en présence du thérapeute qui pourra aider son patient en lui rappelant ce qui est arrivé pendant la régression même si, comme la première fois, certains souvenirs de l'événement traumatisant sont perdus.

Il est évident que la perception d'une violence ressentie comme elle le fut jadis au travers de leurs sens (vue, ouïe, odorat, etc.) risque de fausser ou de voiler certains détails spécifiques. Mais, sur le plan thérapeutique, il est important que cette violence soit désoccultée.

En revanche, il serait dangereux et nocif pour le patient de faire resurgir des souvenirs dissociés sans entraînement préalable. Provoquée de façon thérapeutique, cette technique est la meilleure façon de retrouver ces souvenirs tabous, qui nous ont laissé, en guise d'héritage, la peur, la souffrance, la colère et la honte.

Minimisation, refus et illusion

La cure nous met parfois en présence d'un facteur menaçant l'ego ou la poursuite d'une assuétude. Il peut « disparaître » définitivement, même s'il nous arrive d'y être confrontés. Les mécanismes de défense : minimisation, refus et illusion peuvent également fausser le jugement que nous portons sur notre comportement présent et sur notre histoire.

En appliquant la minimisation, ce que je fais, pense ou ressens devient moins grave et bénéficie d'un jugement que je n'accorderais pas à mon entourage. Par exemple, je puis me dire que le fait d'être dépassée par mes responsabilités, sans cesse épuisée et irritée par trop d'obligations, n'est pas si catastrophique. Je puis me dire qu'avec un peu d'organisation je surmonterai mes problèmes. En revanche, si mon amie Wanda vient se plaindre de n'avoir pas un moment à elle, d'être continuellement crevée et en conflit permanent avec ses enfants, ses collègues de bureau, son mari et ses amis parce qu'elle exige trop d'elle-même, je me dirai : *Ne peut-elle voir qu'elle succombe sous le poids de ses responsabilités ? Pourquoi ne se décharge-t-elle pas de certaines ? A ce rythme, la dépression la guette.* Je sais reconnaître mon propre état et suis à même d'en faire un diagnostic lucide quand je le constate chez un autre, d'en mesurer pleinement les conséquences. Mais je me refuse à affronter mon propre contexte. Je « minimise ».

Dans l'enfance, la minimisation prend cet aspect :

Teresa voit son père battre sa mère. Elle est en état de choc, horrifiée, mais elle minimise la portée de l'événement. Elle se dit : *Bon, j'en souffre mais en fait ça n'a rien de si terrible.* Le souvenir de la scène reste gravé dans sa conscience mais, ayant appris à dominer ses émotions, cette scène n'éveille en elle qu'un sentiment d'anormalité.

Plus tard, au cours de son traitement, si Teresa m'entend évoquer un cas semblable, elle risque de déclarer : « C'est considéré comme un trauma. Cela m'est arrivé, mais dans mon cas, ce n'était pas si terrible. »

Un autre exemple de minimisation nous est couramment donné par l'alcoolique à qui l'on reproche d'être ivre. Il peut prétendre, et même croire sincèrement, « n'avoir pris qu'un ou deux verres » (alors qu'il a vidé une demi-bouteille de scotch). Lui aussi, il minimise.

En revanche, le refus me permet de ne pas prendre conscience de mes trop lourdes responsabilités. J'assume une charge que je jugerais trop écrasante pour les autres. J'ai parfaitement conscience de tout ce qu'il me faut accomplir chaque jour, mais je reste inconsciente de la colère, de la peur et de la souffrance qui en résultent. Wanda peut craquer, mais pas moi.

Le refus de la petite Teresa va prendre ce même aspect :

Elle va voir son père battre sa mère, vivre cette violence et conclure : *Il n'y a rien d'anormal dans cette dispute entre mon père et ma mère.* Elle a parfaitement conscience de ce qui se passe, mais n'éprouve aucune émotion parce qu'elle refuse de prendre au sérieux l'événement.

Lorsqu'elle sera adulte, elle utilisera le refus pour se défendre contre la douleur laissée par ce souvenir. Elle m'écoutera évoquer des traumas enfantins. Je prendrai peut-être l'exemple de cette fille nommée Cindy et qui, enfant, a vu le même drame. Quand Teresa m'entendra dire qu'un tel spectacle exerce sur l'enfant une violence terrible, elle risque de rétorquer : « C'était peut-être désastreux pour Cindy de voir son père battre sa mère mais, en ce qui me concerne, je n'ai rien ressenti. »

Si un alcoolique a recours au refus quand on lui reproche d'être ivre, il pourra prétendre que si boire la moitié d'une bouteille de scotch peut soûler une autre personne, il n'en est pas de même dans son cas. « Je résiste à l'alcool, pourra-t-il dire, et la preuve, c'est que je ne suis pas soûl ! » Le refus prend place quand nous sommes capables de voir et d'appréhender chez autrui des réalités dont nous nions l'existence chez nous.

Le processus d'*illusion* opère à un niveau plus profond, ce qui le rend beaucoup plus grave. Il nous rend capables de croire des choses, alors que nous sommes placés devant l'évidence contraire. Nous percevons les faits, mais ne leur donnons pas la signification appropriée. J'ai, par exemple, un ami qui, enfant, a été l'objet d'attouchements équivoques de la part de sa mère, attouchements dont il niait la nature sexuelle, pour la simple raison que, selon lui, sa mère n'avait pas d'intentions malsaines. Cette illusion était plus forte que le fait réel d'un abus sexuel.

Je suis encore dans l'illusion lorsque, adulte, je m'obstine à croire que la surcharge de responsabilités que je m'impose est parfaitement saine et normale. Si je m'entends dire qu'il est malsain d'être en permanence en état de stress — qu'il est indispensable de décompresser, de se distraire et d'avoir du temps libre —, je penserai aussitôt que c'est faux, que s'accorder du repos est certes un beau rêve, mais que, dans la vie réelle, on ne peut se le permettre. Aussi, dans mon illusion, dirai-je à Wanda : « Du nerf, ma fille ! Ne pas avoir une minute à soi est notre lot dans l'existence. Tu es fatiguée parce que tu te laisses aller. Il faut te reprendre. » Mon illusoire conviction qu'il est normal et sain de travailler tout le temps est telle que je cherche à en convaincre les autres.

Dans mon activité de thérapeute, je vais m'apercevoir que Teresa fonctionne sur le mode de l'illusion si mon évocation du traumatisme subi par Cindy suscite de sa part ce genre de réponse : « Pia, vous venez de me dire que de voir son père battre sa mère avait exercé une violence sur Cindy, mais je ne partage pas votre avis. Les parents se bagarraient, c'est tout. Ni l'un ni l'autre ne faisait du mal à Cindy. Si deux personnes ont envie de se battre, cela les regarde. » Elle a l'illusion que le spectacle d'un père et d'une mère en train de se battre est sans effet sur leur enfant qui en est témoin.

Or les faits sont là : l'enfant qui voit le parent qu'il estime le plus et qu'il considère comme son éducateur battre l'autre subit réellement une violence. Mais quiconque dans l'illusion entendra la version des faits réagira comme si la terrible réalité n'existait pas.

L'illusion reste latente dans la dépendance, d'où l'importance capitale que nous sachions la reconnaître en nous. En butte, dans notre vie d'adulte, aux symptômes de la dépendance et aux douloureuses conséquences qu'ils ont sur nous et sur ceux que nous aimons, nous n'en vivons pas moins dans l'illusion qu'avec le temps « tout finira par s'arranger ». Nous autres dépendants avons beau constater la part de peur et de souffrance dans notre existence et nos relations, nous gardons l'illusion que ces faits ne sont ni pénibles ni terrifiants. Nous vivons alors des situations d'une violence extrême, sans affronter la réalité de leur agression. Nous avons vécu ainsi dans un monde irréel fondé sur nos illusions *sans pour autant considérer ce monde irréel comme une réalité*. De ce fait, il nous arrive fréquemment de nous mettre en colère contre ceux qui tentent d'attirer notre attention sur le caractère fallacieux de nos illusions. Cette attitude nous rend très vulnérables, vu que tant la réalité que toute personne dotée d'un jugement objectif menacent la vision que nous avons du monde. En conséquence, vivre dans l'illusion nous amène à nous écarter de ceux qui seraient susceptibles de la faire voler en éclats.

Souvent, au cours du traitement, les patients vivant dans l'illusion offrent une résistance du fait qu'ils ont à l'égard de leurs enfants un comportement aussi dysfonctionnel que celui de leurs parents. Ils ne s'en rendent pas compte. Ils s'accrochent à leur vision des faits.

Pour se libérer de la dépendance, connaître les mécanismes de défense et la façon dont ils opèrent est une condition *sine qua non*. Accepter les faits suivants peut également favoriser notre guérison :

• Les mécanismes de défense restent opérationnels chez les adultes dépendants.

• Nos propres défenses nous sont d'ordinaire inconnues.

• Pour guérir, nous devons laisser ceux auxquels nous faisons confiance nous montrer nos défenses et nous expliquer la façon dont nous les utilisons.

• Quelles que soient nos difficultés à nous soumettre, et la peur ou la colère que nous pouvons ressentir, nous devons écouter nos guides afin de pouvoir briser ces mécanismes de défense pernicieux et amorcer notre chemin vers la guérison.

Mémoire physique et mémoire affective

En explorant notre histoire, deux voies s'avèrent fructueuses : celle des souvenirs physiques et celle des souvenirs affectifs. On peut les comparer aux mots de passe d'un logiciel bien protégé. Une fois que l'opérateur a entré ce mot sur son clavier, le programme s'ouvre. Il en est de même chaque fois qu'un sujet a identifié une émotion pénible ou effrayante, ou encore une impression mémorisée jadis par son corps. Il lui est alors possible de faire resurgir ce souvenir pour accéder aux données enregistrées dans son inconscient quant à cette violence douloureuse ou terrifiante réprimée ou dissociée jadis. Ces données sont ainsi ramenées à la conscience, guidées par un thérapeute expérimenté, de sorte que le patient est à même de cerner l'émotion ou la sensation et d'entamer un processus de guérison.

Tout symptôme sans rapport avec une cause physiologique présente est un souvenir physique. Par exemple, vous êtes confortablement installé dans votre fauteuil, un livre à la main, quand tout soudain une douleur fulgurante vous vrille le crâne, ou vous vous sentez pris de vertige, ou la nausée vous envahit. Cela peut se révéler aussi brutal que l'impression d'avoir un bras ou le souffle coupés. La douleur peut atteindre vos cervicales ou vous vriller le ventre. De telles sensations sont des souvenirs physiques.

Il y a mémoire affective quand vous êtes submergé par une émotion sans rapport avec vos pensées présentes. Il s'agit le plus souvent d'une des quatre émotions primaires, colère, peur, douleur ou honte. Un souvenir affectif peut se traduire par la rage, la panique, la paranoïa. Le souvenir douloureux déclenchera un désespoir intense, généralement suivi de pensées suicidaires ou de la conviction d'être à l'article de la mort. Dans l'accès de honte, on se sentira soudain inférieur aux autres, sans valeur, mauvais, idiot, laid... Nous n'aurons pas de termes assez forts pour nous déprécier comme il convient.

Je vois dans ces phénomènes de souvenirs physiques et affectifs la preuve que si notre mental est assez puissant pour refouler dans l'inconscient l'expérience traumatisante, notre corps ne l'oublie jamais et ne cesse de faire en sorte que nous puissions entrevoir la vérité sur nous-mêmes.

Souvent, au cours de mes conférences sur ce sujet, un assistant se lève pour me dire : « Pia, j'ai ce genre de souvenirs. Ma nuque se bloque, en effet, et à ces moments-là, j'ai peur. » Cette sensation d'une main étreignant la nuque est un souvenir physique, la peur qui l'accompagne est un souvenir affectif.

Ce dernier aura toujours l'aspect d'une émotion incoercible. Mettons qu'une de mes patientes en thérapie de groupe assiste à la remontée d'un tel souvenir sous forme d'un accès de panique : « Je ne sais pas ce qui m'arrive, Pia, pourra-t-elle dire, interrompant ma conférence, mais j'ai si peur que je n'ai qu'une envie : c'est de quitter la salle. »

Je lui demanderai alors :

« Peux-tu me dire ce qui se passait quand tu as senti monter cette panique ? Que disais-je à cet instant précis ? »

Si elle me répond : « Tu venais de citer l'exemple d'une petite fille violée par son père », je suggère aussitôt : « N'aurait-on pas sexuellement abusé de toi quand tu avais le même âge ? » Cette question posée à cet instant a des chances de ramener en surface un souvenir enfoui.

Bon nombre de ces souvenirs physiques et affectifs peuvent être utilisés comme portes pour accéder à la réalité de votre enfance et aux événements longtemps réprimés. Lorsque, ultérieurement, vous commencerez à prendre connaissance des diverses formes de violence, surveillez chez vous l'apparition d'éventuels souvenirs.

Affronter ses défenses

Si vous êtes dépendant, vous avez pu éprouver dans votre enfance la nécessité de vous protéger par l'un des six mécanismes de défense précédemment décrits. Minimisation, refus, illusion, répression, suppression et dissociation vous ont permis de survivre à des violences qui auraient pu vous faire perdre la raison. De ce fait, lorsque vous lirez la description de ces violences dans les pages suivantes, sachez que ces mécanismes continuent probablement de fonctionner en vous.

Nous savons désormais que certaines méthodes d'éducation sont préjudiciables au développement de l'enfant. Né dans une famille dysfonctionnelle, celui-ci pourra donner l'apparence d'être bien élevé, tranquille, parfaitement adapté — ou bien d'être un enfant gâté, tyrannique et désordonné, un fauteur de troubles au sein de la famille. Ces caractéristiques ne sont que le résultat de l'intense travail d'adaptation que ces enfants ont dû faire pour supporter une famille dysfonctionnelle.

Voyons maintenant les différentes formes de violences d'un tel noyau familial.

10
Les abus physiques

Toute forme de violences (physiques, sexuelles, affectives, mentales ou spirituelles) peut être manifeste ou dissimulée. La victime aura en héritage un excès de pouvoir ou une impuissance totale.

Abus manifeste/ abus dissimulé

Une violence manifeste s'exerce au grand jour. Tout le monde la constate : l'enfant sait de quoi il retourne tant elle est évidente. Dissimulée, en revanche, elle s'exerce en catimini, par des voies détournées, indirectes, et se traduit par des facteurs plus suggestifs que visibles. Elle s'effectue par manipulation plutôt que par une franche prise de contrôle. La violence dissimulée inclut également différentes formes de démission parentale : négligences du besoin de maternage physique et affectif de l'enfant. Les séquelles sont d'autant plus difficiles à traiter que l'expérience même de la violence est passée inaperçue. Un exemple de violence dissimulée nous est donné par la mère qui refuse de se montrer aimante et approbatrice à l'égard de ses enfants (qui affectivement les délaisse), s'ils ne lui sont pas totalement soumis.

Abus créant un sentiment de puissance/abus créant un complexe d'infériorité

L'expérience de la violence peut donner lieu à une sensation de puissance ou bien au désarroi. Dans ce cas, elle humilie l'enfant. Il n'a plus conscience de sa propre valeur et il ressent un complexe d'infériorité.

A l'inverse, elle induit au contraire chez l'enfant la conviction erronée d'être supérieur aux autres. Il en résulte à l'âge adulte une attitude d'offenseur et de tyran.

Si ces deux types d'expériences se mêlent, l'enfant pourra être tour à tour bourreau et victime. Traiter ces sujets ne pose guère de problèmes.

Les enfants chez qui on a laissé se développer un sentiment de puissance que rien n'est jamais venu démentir se retrouvent en position particulièrement délicate. Ils exercent un pouvoir sur leur entourage par un comportement outrancier qu'ils ne contrôlent pas. Souvent, ils sont excessivement agressifs, ne respectent pas le bien d'autrui et manipulent leur entourage.

Violences physiques

La violence physique est déterminée par l'attitude des éducateurs. Chaque fois qu'un éducateur attaque physiquement l'enfant, qu'il le gifle, le pince, lui tire les cheveux, lui cogne la tête ou le bat, il y a violence physique. L'enfant associe son corps à la douleur, perd toute estime de lui et ressent la honte de celui qui le frappe.

Si un père exerce des violences physiques sur

son fils, l'enfant peut en déduire que son corps ne mérite pas le respect (que son corps est un objet de honte) et qu'il n'a pas plus le droit de se soustraire à la douleur que de contrôler ce qu'il subit. Le père contrôle le corps de son fils, ce qui l'amène à penser : « Je puis faire ce que je veux de ce corps. »

L'abus travesti en discipline

Il est fréquent que la violence physique s'exerce sous le déguisement d'une bonne correction. A mon avis, il n'est d'autre châtiment corporel admissible qu'une fessée administrée à main nue sur un postérieur non dévêtu, de sorte que l'enfant n'en garde ni contusions, ni rougeurs. Psychiquement, aucune honte ne sera induite. Les parents savent qu'ils ne font guère mal à l'enfant. Éviter de le dévêtir lui épargne toute honte sexuelle résultant de l'exhibition de ses parties intimes. J'estime également qu'un enfant très jeune peut tirer leçon d'une petite tape sur les mains lorsque celles-ci s'aventurent mal à propos !

Mieux qu'un châtiment, pareille discipline fonctionnelle permet aux parents d'attirer l'attention de leur enfant sur une faute précise. Mettre en évidence son imperfection va déclencher un processus de honte naturelle. Les parents ne font alors que souligner la nature de l'imperfection. L'enfant reste un être précieux, une merveilleuse petite personne qui a seulement besoin qu'on lui montre ses défauts et qu'on lui apprenne comment éviter des comportements blessants ou asociaux.

Vers l'âge de six ans, ces fessées deviennent inutiles. Mieux vaut expliquer à l'enfant comment modifier son comportement et lui faire entrevoir les conséquences d'un éventuel refus de changer.

Un adolescent rentre-t-il tard, par exemple, qu'il ne convient pas de le frapper, mais au contraire de lui dire : « Demain soir, tu ne sortiras pas. » Et d'en expliquer les raisons.

Il est essentiel de comprendre la différence entre « comportement et conséquences » et « crime et châtiment ». Les conséquences doivent être assimilées par l'enfant comme une suite logique de l'acte commis. Un adolescent pourra être consigné un soir pour être rentré une fois à une heure indue, mais certainement pas pendant quinze jours.

L'exemple suivant est extrait du livre de Virginia Satir, *Peoplemaking*, traitant de l'éducation. Elle décrit les nuances qui séparent les conséquences et la punition. Si, tous les matins, votre fils aîné oublie son casse-croûte en partant au lycée, et que systématiquement, à midi, il vous téléphone pour que vous le lui apportiez, pour mettre un terme à ce comportement, il convient de lui déclarer : « Écoute, Charlie, quand on ne prend pas ses dispositions pour s'assurer un repas de midi, la conséquence normale est d'avoir faim. » Si, le lendemain, Charlie oublie une fois de plus son casse-croûte et qu'à midi il téléphone, à vous de conclure : « Désolée. On en a parlé hier soir. Il est normal que tu aies faim si tu oublies ton casse-croûte. Je ne te l'apporte pas. »

La conséquence doit être aussi proche que possible de ce qui arriverait si aucun membre de la famille n'était là pour se mêler du comportement de l'enfant. Dans la vie quotidienne, troubler l'ordre public vous expose à être arrêté et mis en prison, chahuter dans un cinéma à être vidé de la salle. De la même manière, si un gamin empêche sa famille de regarder la télévision, il conviendra de lui faire quitter la pièce et de l'envoyer dans sa chambre afin qu'il ne gêne personne. On doit lui expliquer que son comportement trouble la tranquillité des siens et qu'il pourra les rejoindre sitôt calmé.

Une éducation fonctionnelle n'implique aucune agression physique à l'égard de l'enfant. Je ne vais certes pas me faire l'avocate de l'anarchie au foyer, mais je soutiens qu'une approche fonctionnelle de l'enfant repose sur l'attention. On doit se comporter comme si le corps de l'enfant était un temple. De même qu'il n'est pas prudent de cogner du poing ou du pied sur un vase précieux, un parent peut, par des pratiques d'une violence similaire, briser l'être psychique d'un enfant, détruire le sens qu'il a de sa propre valeur.

Abus physiques abjects

Les abus abjects jugés répréhensibles et tombant sous le coup de la loi se rapportent aux formes extrêmes d'agression physique exercées sur un enfant : sévices délibérés, amputation des doigts ou des mains, brûlure des parties génitales avec une cigarette, coups entraînant des fractures du crâne ou des lésions internes, etc. Alors qu'en pareils cas l'attitude des parents à l'égard du corps est à l'évidence dénuée de tout respect, il est encore d'autres formes de violences physiques dont les conséquences sont traumatisantes, pour avoir été vécues dans la honte.

Recours aux objets pour punir l'enfant

Certaines personnes frappent leurs enfants avec des objets tels que ceinture, martinet, canne, brosse à cheveux, chaise, chaussure, cuillère en bois, chasse-mouches, etc. Chaque fois qu'on y a recours pour corriger un enfant, il est fort probable qu'il y ait violence. D'une part, c'est extrêmement humiliant, de l'autre, le parent n'a pas la moindre idée du mal qu'il fait à l'enfant, faute d'en avoir la sensation directe.

De toute manière, à mesure que l'enfant grandit, ces corrections physiques s'avèrent de moins en moins efficaces. « Mon aîné âgé de dix ans ne veut rien entendre, est-on venu me dire un jour. Maintenant, je dois le battre comme plâtre pour qu'il m'obéisse. » En fait, les enfants deviennent de plus en plus résistants, durs à la douleur, et quand ils arrivent à treize ou quatorze ans, ayant atteint la taille adulte, ils sont parfaitement susceptibles de répondre aux coups parce que leurs parents ne leur ont jamais appris autre chose que la violence physique en les corrigeant avec une telle sévérité.

Autres formes d'agressions physiques

Si banale que soit une gifle, elle n'en reste pas moins humiliante. C'est, à mon avis, la pire forme de violence non abjecte, car le visage est une partie découverte, symbole de notre identité.

Tirer les cheveux ou l'oreille d'un enfant, le pincer ou le secouer comme un prunier sont également des violences, car le corps de l'enfant n'est pas traité avec respect, ni même avec prudence. Le cerveau d'un enfant est d'une délicatesse extrême et de graves contusions cérébrales peuvent se produire si vous lui cognez la tête contre un quelconque matériau dur. Voire même contre une autre tête polissonne!

Pour mieux réaliser l'impact inacceptable de telles violences, imaginez un adulte ayant ce comportement à l'égard d'un autre adulte. Entre adultes, il s'agit là d'un comportement que notre société juge inacceptable et que la loi réprime. Ainsi pourriez-vous me faire arrêter si j'agissais de cette façon. Il en résulte que le même respect doit dicter notre comportement à l'égard de l'enfant.

Violences physico-sexuelles

Certaines personnes éprouvent une excitation sexuelle lors des violences physiques exercées sur leurs enfants. Certains châtiments corporels sont en fait des châtiments érotiques. Ils sont perçus par l'enfant comme un acte mystérieux, effrayant, imprévisible et systématique.

Chatouiller un enfant jusqu'à l'hystérie

Certaines formes de chatouilles sont des agressions physiques caractérisées. Je ne parle pas, bien sûr, des guili-guili que presque tout le monde fait sous le menton des bébés, mais du comportement d'un père qui plaque sa fille au sol et la chatouille jusqu'à ce qu'elle n'en puisse plus et se mette à rire ou à pleurer convulsivement, voire même ne puisse retenir son envie d'uriner. Pareille violence peut être faite aux garçons comme aux filles, et par n'importe quel membre de la famille, frères ou sœurs plus âgés, oncles ou tantes. La personne qui chatouille prend, en effet, possession du corps de l'enfant et le traite en objet. Le message véhiculé par cette pratique est le suivant : « Je suis ton père (ou ta mère, ou ton aîné). Je puis faire de ton corps ce que bon me semble puisque je suis le *deus omnipotens* de la famille. Je vais te coucher par terre et te chatouiller jusqu'à ce que tu n'en puisses plus. C'est mon droit le plus strict. » C'est en fait inacceptable parce que l'expérience risque d'être douloureuse et humiliante pour l'enfant.

Il arrive aussi que ces séances de chatouilles soient une forme déguisée de violences physico-sexuelles. De simple agression physique — par laquelle un adulte se décharge d'un trop-plein de colère déplacée —, on passe à l'agression sexuelle d'un parent qui ne chatouille que pour s'exciter.

Absence ou exagération du maternage physique

Un maternage physique adéquat constitue un des besoins fondamentaux de l'enfant et à plus forte raison du bébé. Assez vite, toutefois, il convient de laisser à l'enfant une plus grande liberté de choix sur les personnes qui lui font des câlins et les moments où ils sont faits. S'il n'y a jamais eu maternage physique ou s'il persiste exagérément, il y a violence physique.

Le maternage physique des enfants en bas âge implique de les prendre dans ses bras ou sur ses genoux, de les serrer, de les bercer, de les choyer, de marcher à côté d'eux et à leur rythme, bref, de les garder près de soi. Ils en retirent l'assurance d'être tangibles, que leur petit corps est précieux, et qu'ils trouvent en vous quelqu'un qui sait comment les apaiser physiquement. Ce type de maternage est une telle nécessité que les bébés de moins d'un an qui en sont privés ou n'en ont pas assez risquent d'en mourir.

Le manque de maternage physique adéquat est une expérience traumatisante. Quand un enfant en manque, le message qu'il reçoit du parent concerné est le suivant : « Je ne veux ni te toucher ni que tu me touches. Nous ne sommes pas censés nous abandonner à ce genre d'effusions. »

L'enfant plus ou moins privé de présence physique chaleureuse rencontrera à l'âge adulte les mêmes problèmes que celui qui a été battu. Si ce dernier apprend à relier contact et douleur, celui qui a manqué de contacts physiques les reliera à la douleur morale. Par manque d'habitude, les contacts physiques finiront par l'effrayer et il les fuira. Cette douleur que fuit l'enfant en refusant d'être touché n'est pas la même dans les deux cas — physique dans l'un, morale dans l'autre — mais on observe une très grande similitude quant aux comportements induits.

A l'autre extrême, une exagération du maternage physique — trop d'embrassades et d'effusions — étouffe l'enfant.

Il peut aussi grandir avec un besoin de présence physique plus grand que celui qu'il reçoit de son conjoint et d'autres membres de sa famille, tout en se sentant, malgré tout, aimé et en sécurité.

Diminution progressive du maternage physique

Le besoin de maternage physique, énorme dès la naissance, diminue à mesure que l'enfant devient plus autonome. Si les parents ne réduisent pas à temps l'intensité de ce maternage, l'enfant finit par étouffer. En pareil cas, il pense souvent : « Oh, mon Dieu, voilà ma mère. Elle va encore me prendre dans ses bras et me couvrir de baisers. Je prends la fuite. »

Ainsi la petite Ginny, bébé, a un grand besoin de maternage physique direct. Il lui faut être portée, cajolée et bercée constamment quand elle ne dort pas. Mais en grandissant, se mêle à ce besoin de proximité avec le corps maternel une curiosité à l'égard du monde qui l'entoure. Quand sa mère la prend sur ses genoux, elle pense : « C'est bon », puis elle a envie de descendre et d'aller jouer.

Dès que Ginny est en âge de marcher, sa mère, si elle est fonctionnelle, amorce un léger retrait, restreint les contacts physiques et en laisse plutôt l'initiative à la petite fille. Celle-ci, dès qu'elle sait parler, apprend à venir vers sa mère pour dire : « J'ai du chagrin (ou j'ai mal). Prends-moi dans tes bras. » Ainsi la mère de Ginny laisse-t-elle sa fille juge du moment où elle a besoin d'être physiquement maternée et de l'instant où ce besoin doit être satisfait.

Mais, parallèlement, la vigilance des parents ne doit pas se relâcher tant que l'enfant n'a pas atteint dix ou douze ans. Jusque-là, il leur faut guetter chez lui tout signe d'un besoin de maternage physique. L'enfant peut être mal, avoir besoin que le parent le console, mais ne pas savoir comment le lui demander. Le parent doit donc en prendre l'initiative : « Dis-moi ce qui se passe. Ça ira mieux si je suis là ? Tu as peut-être besoin que je te serre très fort contre moi. » Au début, les parents touchent et embrassent l'enfant fréquemment et sans le lui demander. Puis, à mesure qu'il grandit, ils le laissent libre de fixer son besoin de maternage. Enfin, entre dix et douze ans, il n'est pas rare de le voir adopter l'attitude : « Si j'ai envie d'un câlin, je vous le dirai. Mais je ne veux pas être câliné sans ma permission. »

Je continue de prendre sur mes genoux mon fils de onze ans et de le câliner sans qu'il m'en ait fait la demande et sans trop m'inquiéter d'obtenir sa permission. Et, si je commence à y mettre un frein, j'ai la possibilité de m'approcher et de lui poser la main sur l'épaule. Quant à mon fils de seize ans, je n'oserais envisager un contact physique qui n'aurait au préalable été négocié par un : « Tu veux que je te serre dans mes bras ? » La plupart du temps, je lui laisse l'initiative du câlin, mais je guette chez lui la manifestation d'un tel désir. Parfois, je lui demande franchement s'il le désire, mais j'attends sa réponse pour m'approcher de lui et le toucher. Je laisse à mon grand fils de vingt ans le soin de négocier tout contact physique entre nous. Je l'observe, je puis éventuellement y faire allusion, mais il lui revient d'exprimer son désir.

Bien sûr, il existe une grande diversité dans ce besoin de proximité physique éprouvé par les enfants. Dans les familles où le maternage physique de la prime enfance a été négligé, insuffisant ou malsain, les dépendants devront peut-être discuter de tout changement envisagé dans leur comportement au sein de la famille, de sorte que leur entourage ne risque pas de vivre ce changement comme un traumatisme. Ainsi, une mère n'ayant pas, au préalable, expliqué sa décision soudaine de relâcher l'attention constante qu'elle porte à son fils, celui-ci va se demander « ce qu'il a fait de mal » ou pourquoi « sa maman ne l'aime plus ».

Assister à des violences physiques exercées sur autrui

Voir une tierce personne victime de violences est profondément traumatisant.

Une fillette peut s'être comportée en « parfaite petite adulte » mais avoir eu un frère rebelle que l'on corrigeait presque tous les jours. Cette fillette peut avoir entendu résonner dans la maison les cris que son frère poussait sous les coups ou même l'avoir vu battre parce que papa tenait à ce que les corrections aient lieu en présence de toute la famille. L'enfant qui trop souvent assiste à de telles violences prend l'agression de plein fouet, mais en termes de souffrance affective. Le message à l'enfant qui regarde est le suivant : « Cela pourrait t'arriver. Alors fais gaffe. » Il y a là une énorme entrée de peur.

L'un des cas les plus difficiles dont j'ai eu à m'occuper concernait une femme dont la mère avait affectivement déserté son foyer, ne prêtant aucune attention à ce qui s'y passait et laissant un bébé de dix-huit mois à la charge de ma patiente alors âgée de six ans. A cet âge également, cette dernière commença à être régulièrement violée par son père qui, durant la même période, ne se priva pas de battre le bébé.

Agressée sexuellement, la petite fille de six ans avait immédiatement recours à la dissociation pour ne plus ressentir son drame. Mais pareille évasion lui était refusée quand c'était son frère qui subissait l'agression. Il ne pouvait compter que sur elle. En conséquence, elle devait assister à la scène et attendre que son père en ait fini avec lui pour prendre soin de son cadet.

Quand nous entreprîmes le travail d'enquête et de réduction de la honte, j'eus la surprise de constater que l'expérience de l'inceste était pour elle beaucoup plus facile à régler que celle d'avoir vu son petit frère molesté.

Négligence et abandon quant à la satisfaction des besoins physiques élémentaires

Ce sont les besoins de maternage physique (comme nous venons de le voir) et de maternage affectif (comme nous le verrons au chapitre 12) qui sont le plus fréquemment sujets à la négligence ou à l'abandon. Mais la violence physique est également effective quand il y a négligence ou abandon en ce qui concerne la satisfaction des besoins élémentaires de l'enfant tels la nourriture, l'habillement, la sécurité, un logement propre ainsi que des soins médicaux et dentaires.

Il y a négligence quand les parents essaient de satisfaire ces besoins, mais ne savent pas comment s'y prendre ou le font insuffisamment pour éviter à l'enfant d'éprouver de la honte. Il peut y avoir de la nourriture sur la table familiale, mais en quantité restreinte ou mal équilibrée, de sorte que l'enfant aura faim, maigrira, ou deviendra obèse et souffrira de problèmes dentaires. La maison ou l'appartement peuvent être trop exigus pour permettre l'intimité, ou exposés à un voisinage dangereux, ou encore dans un état de délabrement avancé. Peut-être n'aura-t-on pas appris aux enfants à se laver correctement les dents et souffrent-ils de caries douloureuses. Ou alors, pour n'avoir pas pris l'habitude de se faire soigner quand ils se coupent, leurs plaies s'infecteront.

Il y a abandon quand les parents ne font que peu ou pas d'efforts pour satisfaire ces besoins élémentaires. Si aucun des deux parents ne fait la cuisine, l'enfant devra apprendre à survivre en se faisant livrer des pizzas, en mangeant la tambouille qu'il s'est maladroitement préparée ou en se contentant de repas pris à la cantine. J'ai une amie que ses parents n'ont jamais conduite chez le dentiste, négligeant par ailleurs de lui enseigner la plus élémentaire hygiène dentaire. Entre vingt et trente ans, elle a dû se faire arracher les dents et porte désormais un dentier.

Comme nous venons de le voir, que les éducateurs abusent physiquement de l'enfant ou qu'ils ignorent son besoin de contacts physiques, il en résulte un noyau de honte qui entrave son développement.

11

Abus sexuels

Bien que l'enfant soit naturellement à même de répondre aux stimuli sexuels relatifs à son âge, toute sexualité adulte à son égard est vécue par lui comme une violence.

L'agression sexuelle peut être physique — impliquant alors un contact charnel entre l'agresseur et l'enfant — ou non physique. Une forme très particulière de violence sexuelle non physique se produit quand la relation d'un parent avec son enfant du sexe opposé devient plus importante que celle qu'il entretient avec son conjoint.

Abus sexuels physiques

Entrent dans cette catégorie de violences sexuelles tous les contacts avec le corps d'un enfant à des fins d'excitation sexuelle : coït, sexualité orale, sodomie, masturbation d'un enfant par un adulte ou adulte se faisant masturber par un enfant, baisers de nature sexuelle, caresses intimes. Quand l'une ou l'autre de ces violences est commise par une personne de la famille, elle porte le nom d'inceste. Quand c'est un étranger qui les commet, il s'agit de pédophilie.

Peut-on encore parler de violences si le rapport sexuel n'est pas douloureux ?

De par notre appartenance au troisième règne, chacun d'entre nous est conçu pour réagir dès la naissance aux stimuli d'ordre sexuel. Or certaines formes d'agression sexuelle peuvent se révéler très agréables pour l'enfant. Par exemple, les caresses n'entraîneront aucune souffrance chez l'enfant, et les sensations éprouvées pourront même lui paraître merveilleuses. Que ces caresses lui plaisent — voire même qu'il les réclame — n'implique nullement qu'il soit responsable de son comportement sexuel avec un adulte. Lorsque je traite un adulte traumatisé par un acte sexuel dont il a tiré du plaisir, le traitement s'avère plus difficile parce que le patient revendique la responsabilité d'avoir autorisé l'acte jadis ou de l'avoir laissé se répéter.

Les petits enfants ne recherchent pas naturellement les contacts sexuels qui ne correspondent pas à leur âge. Les jeux sexuels auxquels s'adonnent les enfants n'ayant pas subi de violences de cette nature se limitent à diverses conduites conformes à leur stade de développement (se montrer leurs parties génitales et questionner l'autre sexe sur sa façon d'uriner). Mais, si l'un d'eux s'est trouvé soumis à des pratiques sexuelles plus adultes et qu'il les réitère avec un autre enfant, il y a violence sexuelle.

Il arrive aussi que l'agression vienne d'un enfant plus jeune. Ainsi ai-je eu à m'occuper d'un homme ignorant ce cas de figure, et auquel il a fallu du temps avant que l'événement traumatisant resurgisse au grand jour. A dix ans, il avait eu à subir les caresses incestueuses de ses deux sœurs, alors âgées de huit ans, physiquement plus fortes que lui. Il en gardait une profonde angoisse, car étant l'aîné, il s'était toujours considéré comme l'auteur de la violence.

Les enfants peuvent-ils être responsables des violences qu'ils subissent ?

Un enfant ne peut être tenu responsable d'une relation sexuelle traumatisante avec un adulte. Bon nombre de dynamiques sous-jacentes sont à l'œuvre dans une situation de violence sexuelle, dynamiques qui sont toutes déclenchées par l'absence de maîtrise de soi de l'adulte offensant.

C'est presque toujours un adulte ou un enfant plus âgé qui agresse sexuellement ou initie sa victime à des comportements qui ne sont pas de son âge. Plus tard, dans le cas d'un trauma particulièrement grave, l'enfant pourra donner l'impression de provoquer la violence sexuelle, voire même d'en être l'instigateur. Mais cet acte lui ayant été inculqué au cours d'expériences violentes antérieures, il n'en est pas le moins du monde responsable.

Je prendrai l'exemple d'enfants que leurs parents ont négligé de materner physiquement. Si l'un d'entre eux vient à subir un abus sexuel qui lui plaît et comble son besoin de tendresse physique insatisfait, il va probablement continuer de rechercher des contacts sexuels, non parce qu'ils sont de nature sexuelle mais parce qu'il a manqué de contacts physiques. Apparemment, de tels enfants semblent inciter l'adulte à échanger des rapports sexuels, mais il n'en est rien. Ils s'efforcent simplement de satisfaire leur besoin de maternage physique. N'ayant aucune idée de ce qu'est en réalité ce dernier, ils ignorent qu'ils peuvent le satisfaire autrement.

Je pense toujours à Céleste lorsque j'évoque les ravages provoqués par les incestes. Cette patiente n'avait pas huit ans qu'elle avait déjà subi des agressions incestueuses de la part de quinze éléments mâles de sa famille. Ses parents étaient des ivrognes, au comportement manifestement abusif à son égard dans bien d'autres domaines que la sexualité. Manger, se vêtir et avoir un toit au-dessus de sa tête n'allaient pas de soi pour elle et, en un certain sens, se trouvaient quotidiennement menacés.

Mais, à partir de huit ans, Céleste eut tous les soirs la visite de l'oncle Harry qui la masturbait et se faisait masturber. Pour Céleste, ce fut merveilleux. L'oncle Harry était son ami, et grâce à lui, elle se sentait bien.

Elle se mit à confondre maternage physique et rapports sexuels. Plus tard, la confusion s'étendit au maternage affectif. Céleste acquit la conviction que son besoin de tendresse et de proximité physique ne pouvait être comblé que par la sexualité. Elle en devint rapidement esclave et une bonne part de son traitement se résuma à lui faire comprendre que son activité sexuelle exacerbée resterait toujours impuissante à satisfaire ses besoins de maternage physique et affectif.

L'aider fut particulièrement difficile parce qu'elle « aimait » beaucoup l'oncle Harry, ayant cru recevoir de lui, dans leurs relations sexuelles, toute la tendresse qu'elle n'avait pu obtenir d'un maternage normal. Nous dûmes donc lui apprendre que le maternage physique satisferait une part de ses besoins, le maternage affectif une autre part, et le maternage intellectuel une dernière. Nous lui apprîmes comment se mettre en situation de recevoir et de prodiguer ces maternages plutôt que de systématiquement recourir à la sexualité quand elle se sentait en manque ou trop seule.

Nous lui apprîmes à rechercher ces diverses formes de tendresse non sexuelle auprès de gens sûrs et aptes à les lui donner. Une grande partie de la thérapie consista à lui montrer comment réclamer de la tendresse à des personnes adéquates, plutôt que de coucher avec tout le monde. Il lui fallut apprendre à vivre en harmonie avec son corps et à partager ses sentiments, à s'ouvrir à ceux d'autrui, bref, à s'offrir les moyens d'être affectivement comblée et d'en tirer un réconfort moral.

Tout adulte qui profite du besoin de contact physique d'un enfant pour l'inciter à entretenir des relations sexuelles prodigue à cet enfant un maternage physique impropre et lui fait violence. Et comme je m'en suis précédemment expliquée, cela reste valable même si l'enfant favorise ces relations et semble y prendre plaisir.

Très souvent, des patients en cure restent longtemps muets sur les expériences sexuelles abusives qu'ils ont trouvées agréables, et ce, tant que le thérapeute ne leur inspire pas une entière confiance. Quand ils se décident à les évoquer, il est fréquent qu'ils le fassent avec un profond sentiment de honte et de culpabilité. La profonde attirance qu'ils éprouvaient pour celui ou celle qui abusait d'eux sexuellement provenait d'un manque de maternage physique. Je me demande toujours si tel n'est pas le cas lorsqu'un de mes patients manifeste une résistance exagérée quant à la recherche de ses traumatismes sexuels.

Mes principes sont les suivants : chaque fois qu'un adulte sexualise ses rapports avec un enfant, l'enfant vit une violence sexuelle. Néanmoins, ce n'est jamais l'enfant qui en porte la responsabilité. L'origine de cette violence revient à l'adulte de par sa dépendance à la sexualité ou de par son absence de frontières sexuelles.

A mon grand regret, je dois avouer que certains psychiatres persistent à rendre l'enfant responsable de son consentement. Je ne partage pas cet avis que je désignerais comme un « jugement d'offenseur ». Les frontières d'un enfant ne sont pas pleinement développées et il a besoin que les adultes le protègent, au lieu de le blâmer. De tels jugements de la part d'un thérapeute ne semblent pas être très appropriés pour vous aider à triompher de vos traumatismes sexuels.

Jeux sexuels ou sexualité traumatisante ?

L'agression sexuelle est presque toujours le fait d'un adulte ou d'un enfant plus âgé. Toutefois, elle peut être celui d'un enfant du même âge — voire plus jeune — réitérant sur un autre enfant la violence dont il a lui-même été victime de la part d'une personne plus âgée.

En résumé, les enfants du même âge s'adonnent souvent à de simples jeux sexuels. Mais, si un enfant est initié par un aîné, l'on peut conclure à une violence.

Quand l'enfant tire pouvoir de la violence sexuelle physique dont il est victime

Une expérience sexuelle abusive exempte de souffrance peut donner du pouvoir à la victime. Elle excite l'enfant, parfois jusqu'à l'orgasme. Rien de tel pour renforcer son énergie physique. Quand un enfant a des relations incestueuses avec l'un de ses parents et que ce dernier lui affirme que ces relations sont bien plus satisfaisantes que celles qu'il a avec son propre conjoint, l'enfant acquiert la conviction d'être supérieur, non seulement sur le plan sexuel, mais aussi dans d'autres domaines.

L'exemple le plus classique nous est offert par ce qu'on appelle les « petites chouchoutes de papa ». Le père déplorera la froideur de son épouse avant d'entraîner sa fille dans une relation sexuelle qui éveillera sa sexualité. Le petite fille acceptera de poursuivre cette relation avec le sentiment qu'elle est plus apte que sa mère à satisfaire les besoins sexuels de son père.

Éprouver cette sensation d'énergie physique, savoir que le père est heureux de cette relation incestueuse, prendre une telle importance à ses yeux donne à la victime une extraordinaire sensation de puissance et de supériorité — trompeuse, bien sûr, car l'enfant n'est en rien supérieur ou inférieur à quiconque. De ce fait, l'expérience sexuelle est une violence masquée par le plaisir que la victime en retire.

Abus sexuels non physiques manifestes

Les agressions sexuelles non physiques se révèlent aussi néfastes que les agressions physiques. Elles se répartissent en deux catégories : le *voyeurisme* et l'*exhibitionnisme*. Être agressé par un membre de la famille risque d'être plus traumatisant pour l'enfant qu'une violence exercée par un étranger.

Il y a voyeurisme quand un membre de la famille éprouve une excitation sexuelle à regarder un membre de la même famille. Il y a exhibitionnisme quand un membre de la famille expose ses parties intimes et en éprouve une excitation sexuelle.

Notre société a tendance à passer sous silence l'existence de l'obsession sexuelle cependant très répandue, ou bien à en rire. Lorsque des exemples manifestes d'obsession sexuelle se produisent sous nos yeux, nous sommes enclins à plaisanter et à penser que ce sont là des faits amusants ou normaux. Le résultat n'a pourtant rien de réjouissant.

Lorsque je demande à mes patients s'ils ont été victimes de voyeurisme ou d'exhibitionnisme, je les engage à en rechercher les preuves tant dans leur famille qu'à l'extérieur. Il est plus facile de saisir la nature agressive du geste lorsqu'un maniaque se plante devant vous pour dévoiler ses parties intimes ou vous épie par la fenêtre à l'heure où vous vous déshabillez. Dans le cadre familial, le caractère abusif du voyeurisme n'est pas toujours évident. Il n'en reste pas moins que le membre de la famille qui pratique exhibitionnisme ou voyeurisme s'excite aux dépens de l'équilibre psychologique et sexuel de l'enfant. Cette violence est grave, même si elle s'exerce en dehors de tout contact physique direct et sans que l'adulte ait l'intention consciente de nuire à l'enfant.

Dans de telles familles, on a l'habitude de s'exhiber nu. Personne ne se prive de regarder le corps des autres. Pareille attitude adresse aux enfants le message suivant : « Nous n'avons rien à cacher, et le prétendu besoin d'intimité n'est que pudibonderie. Pourquoi s'enfermer dans une salle de bains ou dans sa chambre ? Si ça ne te plaît pas, c'est ton problème et je n'ai rien à changer à mon comportement. »

Ce qui distingue le voyeurisme et l'exhibitionnisme de la simple absence de frontières sexuelles, c'est la volonté de celui qui les pratique de s'exciter sexuellement. Dans d'autres familles, on pourra observer les mêmes habitudes de naturisme provenant uniquement d'une simple négligence des frontières sexuelles. Comme nous le verrons ultérieurement, cette négligence est également susceptible de traumatiser sexuellement l'enfant.

Les enfants agressés au sein de leur famille par le voyeurisme ou l'exhibitionnisme restent incertains sur la nature de ces actes. Voici comment ce genre de situation peut resurgir chez celui qui tente de s'en souvenir :

Quand j'ai abordé la question du voyeurisme et de l'exhibitionnisme avec Christine, une de mes patientes, elle m'a dit avoir l'impression, mais sans réelle certitude, d'avoir pu y être confrontée dans son enfance. A la réflexion, elle avoua qu'un sentiment d'insécurité l'étreignait chaque fois qu'elle s'habillait ou se déshabillait, voulait aller aux toilettes ou prendre une douche, se livrer à des soins intimes dans sa chambre. Elle avait le sentiment que son père risquait d'entrer, de la regarder ou de trouver un prétexte pour se dénuder devant elle. Elle se souvint avoir eu des pensées du genre : « Zut, voilà papa. J'ai horreur de le voir nu. » Un peu comme si, en sa présence, son père dégageait une sorte d'énergie inhabituelle qui la submergeait. Sur le moment, elle n'était pas consciente de l'attitude équivoque de son père. Les enfants ne saisissent pas le sens de ces comportements incontrôlés. Ils éprouvent seulement un sentiment d'inconfort en voyant leurs parents nus ou en ayant été surpris nus par leurs parents.

Abus sexuels non physiques « déguisés »

La violence sexuelle déguisée est indirecte, manipulatrice et s'exerce bien souvent sans que l'offenseur ait conscience d'y rechercher une excitation sexuelle. Elle se présente sous deux formes : l'une est verbale, l'autre liée aux frontières.

Abus sexuels verbaux

Une forme de violence sexuelle verbale consiste à introduire de manière inconvenante la sexualité dans les conversations familiales — sous-entendus égrillards, histoires salaces, injures à connotation sexuelle, curiosité déplacée à l'égard des adolescents. Une éducation sexuelle adéquate consiste à enseigner à son enfant les réalités de la vie. Mais, rien n'est plus humiliant pour un adolescent que de voir violer son intimité. Dans une famille fonctionnelle où règnent des relations de confiance et où l'on s'est gardé d'associer la honte à la sexualité, il n'est pas rare qu'au lendemain d'un rendez-vous les enfants posent spontanément aux parents des questions qui reçoivent alors une réponse saine et dénuée de surcharge émotionnelle.

Il y a également violence sexuelle verbale quand les parents se comportent comme s'ils avaient l'obscur souhait qu'une relation amoureuse s'établisse entre eux et leurs enfants. Un père pourra par exemple dire à sa fille qu'il aimerait sortir avec elle s'il était plus jeune. Il pourra faire l'éloge de son corps et exprimer le regret qu'il lui soit interdit, ou s'extasier sur la grosseur de ses seins. Une mère peut également faire des commentaires lourds d'implications sexuelles sur les muscles de son fils ou sur les rondeurs révélées par son jean.

Bien évidemment, tous les enfants ont besoin d'être informés sur la sexualité, facteur indispensable pour la perpétuation de l'espèce humaine. L'absence d'éducation sexuelle est souvent illustrée par la grossesse de filles trop jeunes pour assumer leur maternité.

Aussi nos enfants ont-ils besoin d'être informés sur leur développement sexuel, sur les comportements à adopter et sur les conséquences.

A un extrême, il est dysfonctionnel de ne pas

fournir aux enfants la moindre information sur la sexualité, et d'attendre que leur initiation soit effectuée par des camarades d'école. Je suis certes partisan de l'éducation sexuelle à l'école. Toutefois, j'estime que les parents doivent l'enseigner conjointement aux éducateurs.

A l'extrême inverse, une surabondance d'informations fournies trop tôt peut s'avérer tout aussi traumatisante. Il est également dysfonctionnel de raconter n'importe quoi aux enfants sur la sexualité, de faire croire à une fille qu'un baiser profond peut entraîner une grossesse, ou de prétendre que l'acné est signe de masturbation et que celle-ci est un péché.

L'idée du péché est malsaine. La masturbation fait partie de notre processus normal de développement. Elle fait partie de nos activités cérébrales. La masturbation nous aide à devenir des adultes sexuellement fonctionnels, et il est tout à fait déplacé de dire à un enfant qu'elle est anormale. Un parent fonctionnel s'en inquiétera s'il s'agit d'une pratique obsessionnelle risquant de porter atteinte à l'équilibre physiologique ou psychologique de l'enfant. En toute autre circonstance, que l'enfant se masturbe ou non ne regarde personne, car ses seuls besoins en la matière sont le respect de son intimité et la certitude que la masturbation est un élément normal de son développement sexuel. Lui interdire de se masturber peut l'amener à se masturber de manière obsessionnelle. C'est comme si je vous disais de rester dix minutes sans penser à des singes. Le pourriez-vous ? J'en doute. Vous vous concentrerez sur cet effort et de ce fait sur les singes !

Je garderai toujours le souvenir d'une situation qui me terrifia, par faute d'un manque d'éducation sexuelle. J'étais en CM1 et, avec un petit groupe d'amies, nous nous étions réunies après les cours.

Une des filles avait fureté dans la chambre de ses parents et y avait trouvé des préservatifs; elle nous les montra et essaya de nous expliquer leur usage. Lorsqu'elle eut fini son exposé, j'étais paralysée d'horreur. Mes parents ne m'avaient jamais rien dit sur la sexualité, et ce que je venais de découvrir au travers de ces explications m'apparut totalement répugnant... et le resta jusqu'à ce que je sois en âge d'entrer au lycée.

Les frontières sexuelles

Élevé dans une cellule familiale dysfonctionnelle où les frontières sexuelles des parents sont inexistantes ou endommagées, l'enfant à son tour n'en développe pas et se trouve sexuellement agressé, même si cette agression n'est pas délibérée. Ainsi des parents aux frontières inadéquates pourront faire l'amour en laissant la porte de leur chambre ouverte, si bien que l'enfant ne perdra rien du spectacle. Ou bien ils fermeront cette porte, mais auront des ébats tellement bruyants que le résultat sera identique. Ils peuvent aussi se livrer à des caresses déplacées devant leurs enfants sans avoir conscience d'avoir un comportement exhibitionniste. Ils font seulement preuve de négligence quant à leur devoir de protection des enfants contre le spectacle de la sexualité adulte.

Si les parents ont chacun un type différent de dysfonctionnement des frontières, l'enfant, une fois adulte, risquera d'osciller entre les deux types de frontières sexuelles. Gary a grandi dans une famille où la mère avait un mur de peur en guise de frontières sexuelles. Elle fuyait la sexualité en dissimulant son corps et en gardant ses distances avec son mari. Le père de Gary, lui, n'avait pas de frontières sexuelles. Il parlait très librement de la sexualité, racontait des histoires crues, se promenait nu dans la maison, et surgissait à l'improviste dans la chambre de la sœur de Gary pendant qu'elle s'habillait. Adulte, Gary passe de comportements sexuels inconvenants à des manifestations de pruderie excessive.

Pour fonder des frontières sexuelles correctes dans une famille fonctionnelle, les parents doivent d'abord marquer leurs propres frontières. L'enfant doit apprendre à ne pas entrer dans leur chambre ou dans la salle de bains pendant leurs ablutions, et à respecter lui-même les mêmes règles de décence.

Dès que les enfants atteignent un certain âge, des parents fonctionnels cessent de se promener nus dans la maison. Vers quatre ou cinq ans, l'enfant est assez grand pour prendre conscience de la différence sexuelle de ses parents. J'estime aussi que les parents ne doivent pas prendre les enfants dans leur lit.

La nudité n'a rien de malsain. Mais, passé un certain âge, l'enfant commence à focaliser son attention sur les différences. Les adultes ont tendance à oublier que l'enfant n'a pas le sens des proportions et s'il compare son anatomie à celle de ses parents, il risque d'être humilié ou effrayé.

Il va sans dire que si l'enfant entre par mégarde dans une pièce où l'un de ses parents est nu, il ne convient pas de se mettre en colère et d'aller se réfugier dans la penderie, comme si la nudité était un défaut. En pareille circonstance, il suffit de se voiler et de demander à l'enfant de sortir.

En outre, dès qu'un enfant avance vers la puberté, il est directement impliqué dans les comportements sexuels. Si les parents persistent à se promener nus, on peut s'attendre que l'enfant en éprouve une excitation sexuelle.

Je prends pour exemple Douglas, douze ans, qui

a des érections, se masturbe, pense beaucoup aux filles et possède déjà un solide répertoire d'histoires grivoises. Sa mère, qui prend un bain, l'appelle : « Viens, Doug. Nous allons bavarder. » En toute sincérité, elle a juste envie de parler avec son fils et non de s'exhiber devant lui. Il n'en reste pas moins qu'elle est nue dans son bain. Doug entre donc, il s'assoit où il peut, regarde sa mère, ses parties intimes et se retrouve en érection. Ce n'était pas l'intention de sa mère, mais le résultat est une violence manifeste.

Si l'on doit protéger un jeune enfant de ce genre d'agressions, mère et fille, père et fils peuvent se montrer moins pudiques. Père et fils en sous-vêtements, mère et fille bavardant ensemble pendant que l'une d'elles est sous la douche. Aux parents de faire preuve de discernement avec des adolescents dont le développement physique reste harmonieux.

Par exemple, avec ma fille de vingt-quatre ans, je n'ai pas ce genre de problèmes. Nous pouvons nous habiller dans la même pièce sans en éprouver la moindre gêne. Mais quel que soit l'âge de mes fils (le plus jeune a onze ans), je n'irai jamais me mettre nue ou prendre mon bain devant eux.

J'ai parfaitement conscience qu'il n'existe pas de « comportement standard » en la matière et qu'il est des opinions que je viens de professer qui pourront paraître arbitraires à certains lecteurs. J'essaie seulement de souligner que ces pratiques sexuelles abusives se sont transmises dans certaines familles sur tant de générations que parents et enfants ont fini par ne plus y voir quoi que ce soit d'anormal. Mon expérience clinique tend à montrer qu'un naturisme excessif et une trop grande insouciance à l'égard des frontières sexuelles sont des sources de honte et de traumatismes, et qu'ils entraînent plus tard des dysfonctionnements majeurs chez l'adulte.

Abus sexuels émotionnels

Le développement sexuel des enfants exige une identification sexuelle, une atmosphère chaleureuse et la satisfaction d'être homme ou femme. La femme doit prendre conscience de sa féminité et l'homme de sa virilité. Les enfants apprennent à établir des différences affectives entre les démonstrations féminines et masculines. Ainsi, plus tard, un homme recherchera la compagnie d'autres hommes ou celle de femmes portées sur le maternage. Une femme aura tendance à materner les hommes ou appréciera l'affectueuse intimité non sexuelle qu'elle peut avoir avec d'autres femmes. L'attirance sexuelle relève de l'excitation que suscite le plus souvent le sexe opposé.

L'exemple suivant est particulièrement abusif parce qu'il incite l'enfant à pénétrer dans le monde des adultes. C'est un abus émotionnel, mais également sexuel car il crée une énorme confusion dans l'esprit de l'enfant quant à son identité et à sa conduite sexuelles.

En effet, *il y a abus sexuel émotionnel lorsqu'un parent entretient avec l'enfant une relation apparemment plus importante que celle qu'il entretient avec son conjoint ou sa conjointe*. Il en résulte que l'enfant transgresse la frontière qui le sépare du monde intime de ses parents.

Dans une famille fonctionnelle, les parents répondent aux besoins de leurs enfants. Dans une famille dysfonctionnelle, ce sont les enfants qui vont au-devant des désirs parentaux. Tel est l'abus sexuel émotionnel le plus flagrant.

Une frontière sépare les parents des enfants dans une famille fonctionnelle. Tant intérieure qu'extérieure, cette frontière protège les enfants. Ils ont le droit de partager 80 % de la vie familiale, mais le reste ne les regarde pas.

Le diagramme ci-dessous illustre une famille fonctionnelle. X représente les parents, O, les enfants.

$$\frac{\text{X---X}}{\text{O \quad O \quad O}} \text{ (intimité parentale)} = \text{frontière}$$

A l'inverse, dans une famille dysfonctionnelle, l'un des parents peut demander (consciemment ou inconsciemment) d'aller au-devant de ses besoins, soit émotionnels, soit sentimentaux.

Il en résulte que cet abus engendre souvent des troubles entre les parents eux-mêmes. Il leur devient impossible d'établir une saine intimité entre eux. Si les deux parents sont des dépendants et qu'ils ont subi cet abus, ils se trouvent dans l'incapacité d'entretenir des rapports d'adultes. L'un d'eux peut alors combler ce manque en se rapprochant de son enfant, de sorte que ses sentiments émotionnels deviennent malsains.

Le diagramme ci-dessous illustre une famille dysfonctionnelle.

Les enfants entrent dans l'univers adulte

```
      A              B              C
  X  O–X        X–O   O–X       X——O——X
 ——————↑——     ——————↑—↑——     ——————↑——
  O  O  O        O     O              O
```

A. L'un des parents entretient une relation privilégiée avec un enfant.
B. Les deux parents entretiennent cette relation avec plusieurs enfants.
C. Les deux parents entretiennent une relation privilégiée avec le même enfant.

Ce type de situation s'observe également quand un membre de la famille est dépendant d'une substance ou d'un comportement, entraînant la dépendance de son conjoint. On aura par exemple un père alcoolique, pilier de bar, ou bien qui sacrifie son foyer à sa vie professionnelle, ou encore multipliant les aventures avec d'autres femmes. Quel que soit le type d'assuétude, ce père évolue hors du cercle familial et frustre la mère de toute intimité conjugale. Il en résulte un transfert affectif sur les enfants, de la part de la mère. Autre cas de figure : une mère esclave de son intimité avec l'un de ses enfants et lui déléguant la charge de veiller sur le père et sur les autres enfants.

Il arrive que des dynamiques familiales opèrent avec de légères variantes. Ainsi deux enfants pourront-ils être inclus dans une relation parentale (schéma B). Le père se rapproche de l'un, la mère de l'autre. En pareil cas, les relations entre les deux enfants deviennent conflictuelles, les problèmes affectifs du couple sont vécus par enfants interposés.

Parfois, les deux parents dépendants ont une relation « spéciale » de ce type avec un seul de leurs enfants (voir schéma C). Personnage central de la famille, l'enfant aura le sentiment de jouer les agents doubles.

Quand cette relation s'établit entre une mère et sa fille, cette dernière devient la « confidente de maman », le « soutien de maman » ou le « soutien de la famille ». Si elle s'établit entre une mère et son fils, on parlera du « petit homme de maman », ou de « l'homme de la famille ». Dans une relation père/fille, celle-ci devient la « petite princesse de papa », ou l'« épouse suppléante », et le fils ainsi lié à son père sera le « confident de papa », le « soutien de papa » ou le « soutien de la famille à la place de papa ».

Une relation père-fils de ce type peut être assez dure à déceler, le cas le plus fréquent étant une relation privilégiée des deux parents au fils (comme dans l'exemple C). Dans la relation père/fils, le fils satisfait les besoins du père en prenant sa mère en charge. Le message que lui adresse le père par son attitude est : « Remplace-moi. Je travaille dur (je suis obsédé par le travail) et je n'ai pas le temps de m'occuper de vous. Prends donc soin de la famille en mon absence. »

Or, les enfants ne sont pas censés prendre en charge l'ensemble de la famille. Les parents ont pour mission d'assumer cette tâche, en tenant compte de leur évolution. Demander à un enfant de prendre la famille en charge, c'est lui refuser le droit de vivre son enfance.

A l'écoute de mes patients, je me suis aperçue que ceux qui avaient subi ce genre de violence en héritaient, adultes, une vision plus confuse de leur identité sexuelle, des personnes par lesquelles ils souhaitent être choyés et de leur attirance sexuelle. La confusion reste toutefois plus grande dans ce dernier domaine lorsque l'enfant a été sexuellement agressé sur le plan physique. Ainsi un jeune garçon qui a subi une agression sexuelle de son entraîneur risque de penser : « Si j'ai attiré cet homme, c'est peut-être parce que je suis homosexuel. » Alors qu'en fait il ne l'est pas. C'est la préférence sexuelle de l'entraîneur qui l'a conduit à choisir le garçon comme victime, et non l'attirance sexuelle du garçon. Il en résulte une confusion extrême de la victime.

Lorsqu'un parent demande à son enfant d'avoir une relation intime adulte avec lui, il n'est pas rare que l'autre parent éprouve rancœur et jalousie pour cet enfant. On observe également que le dénigrement d'une mère à l'égard de son mari peut amener une petite fille à craindre le sexe fort et à expérimenter plus tard une frigidité. Même si son énergie sexuelle la porte à l'âge adulte à faire l'amour avec des hommes, elle risque de s'en tenir à des formes de tendresse non sexuelle qu'elle recherchera exclusivement auprès des femmes. Elle éprouvera une rancœur à l'égard de son père, la lui montrera, et sera, de ce fait, privée de l'amour paternel, le père observant la même attitude à son égard.

J'ai souffert moi-même de ce type de violence sexuelle exercé par ma mère. Elle était pharmacodépendante. Mon père était affectivement absent ou agressif. Enfant, j'attribuais sa froideur et ses colères à son fichu caractère, et non au comportement de ma mère. Je ne me rendais pas compte qu'elle se droguait. Je prenais donc soin de mes parents, m'identifiant à ma mère, éprouvant un complexe d'infériorité pour notre féminité. Il en résulta une confusion certaine quant à mon identité sexuelle.

Plus tard, je ne fus pas davantage capable d'assumer ma féminité. Je m'habillais de couleurs ternes et j'étais coiffée comme un garçon. Les préoccupations vestimentaires des autres filles me semblaient être le comble de la stupidité. Je ne réalisais pas que mon attitude était hautement dysfonctionnelle.

Pour moi, l'un des chemins de la guérison fut l'apprentissage de ma féminité. Me contraindre à courir les magasins et à faire des achats fut un réel supplice. C'est un miracle que je puisse aujourd'hui porter de grandes boucles d'oreilles, car je sais qu'elles attirent l'attention sur mon visage. Auparavant, je refusais qu'on le regarde. Ainsi, dans mon cas, comme dans celui de milliers d'autres, la violence sexuelle affective fut des plus traumatisantes et continue d'entraver les efforts que nous faisons pour nous arracher à la dépendance.

Je pense qu'en matière de violence sexuelle être la « petite chouchoute de papa » reste un problème. En dépit de l'évolution de la femme dans la société, le machisme existe toujours. Être la « petite chouchoute de papa », c'est bénéficier d'une importance plus grande que maman, et cette expérience est séduisante. Malheureusement, à l'âge adulte, la « petite chouchoute de papa » aura tendance à comparer tous les hommes à son père, sans jamais trouver sa réplique exacte. Il lui sera alors très difficile de mûrir affectivement, et elle risque de demeurer « petite fille » toute sa vie. C'est souvent ce comportement immature qui attire les hommes, auxquels elle demande de jouer le rôle du père. Un homme sain ne s'en contentera pas.

Ce cas peut devenir tragique si la « petite chouchoute de papa » épouse un homme porté sur l'inceste. Si son mari séduit leur fille, elle vit à nouveau ce drame, mais dans la peau d'une mère, cette fois. Elle reportera sur sa fille la rancune que lui portait jadis sa mère. Sans frontière sexuelle, elle peut être ulcérée par l'injustice de son destin, mais elle ne verra pas le comportement dysfonctionnel d'une telle situation.

La violence sexuelle affective peut donner du pouvoir ou désemparer

La violence sexuelle affective peut désemparer un enfant lorsqu'il se sent impuissant à veiller sur l'un des parents.

La plupart du temps, il en éprouve un sentiment de puissance. « Petit chouchou de maman » ou « petite choucoute de papa » ont plutôt tendance à se dire : « Maman (ou papa) n'a d'yeux que pour moi. Je suis mieux que papa (ou maman). » Il n'y a rien de répréhensible à ce qu'une mère emmène son fils (ou un père sa fille) au cinéma ou au restaurant. Mais, si l'atmosphère est équivoque, l'enfant en tire la conclusion qu'il a plus de valeur que l'un des conjoints.

Cela peut se produire quand un parent divorcé préfère la compagnie de l'enfant à celle d'un adulte du sexe opposé et le souligne. Qu'il y ait ou non des contacts physiques, l'adulte commet un abus en suggérant à l'enfant complicité et attirance sexuelle.

Que ce soit par violence sexuelle directe comme dans l'inceste, ou par violence sexuelle affective, l'enfant sera désemparé par l'éventuelle colère ou jalousie de l'autre parent. Le conjoint délaissé est aussi une victime, bien que souvent il n'en prenne pas conscience ou ne sache comment s'y opposer.

Ce sentiment de puissance est renforcé lorsque le conjoint justifie la violence par son propre comportement dysfonctionnel. Ainsi une mère pourra mépriser son époux, le craindre ou n'avoir que du dégoût pour lui, de sorte qu'elle sera satisfaite de le laisser à sa fille. En pareil cas, les deux parents se féliciteront du rôle que leur fille accepte de jouer, mais le résultat n'en sera pas moins traumatisant pour l'enfant, même si sa relation intime avec un des parents reçoit leur bénédiction.

En grandissant, les victimes de ce type de violence deviennent des offenseurs persuadés d'avoir le droit de s'emparer du bien d'autrui. Il n'existe chez eux aucun noyau de honte puisqu'ils ne se sont jamais trouvés en situation humiliante.

Comme nous venons de le voir, la notion de violence sexuelle couvre un domaine beaucoup plus vaste et complexe qu'on le suppose. Plus tard, ce sont les séquelles de ces violences qui soulèvent des difficultés lorsque les dépendants décident de se guérir de leur mal.

12

L'abus émotionnel est sans doute le plus fréquent. Il peut être d'ordre verbal, social ou illustré par la négligence ou l'abandon des besoins.

Abus verbal

Il y a violence verbale quand le parent agresse l'enfant par des cris, des injures ou des sarcasmes. Sur le plan psychologique, cette forme de violence est extrêmement traumatisante.

Les cris blessent les oreilles de l'enfant. Généralement disposé à écouter ses parents s'ils lui parlent normalement, les hurlements l'inciteront à se boucher les oreilles et il n'écoutera plus du tout. N'oublions pas qu'en raison de leur taille les enfants ont une vision déformée des adultes. A leurs yeux, ils sont plus grands et imposants qu'en réalité, et leurs cris les effraient. Dans une famille dysfonctionnelle, l'enfant n'écoutant plus, il est fréquent que les cris soient suivis de coups.

Les injures rendent l'agression verbale encore plus blessante. Mon nom est Pia. Il préserve mon identité. Mais je finirai par la perdre si, de façon régulière, mon entourage me désigne sous des qualificatifs vulgaires et injurieux.

Ridiculiser un enfant est le fait de parents qui, à mon sens, déchargent ainsi leur colère sur un tiers. Des enfants tournés en ridicule se retrouvent sans défense et sans moyen de se revaloriser, surtout s'ils sont très jeunes.

Entendre injurier son entourage est également traumatisant. Les frontières des enfants sont peu développées. Si, consciemment, ils savent que les injures ne sont pas dirigées contre eux, ils en subissent l'impact et en souffrent autant que s'il s'agissait d'une violence physique ou sexuelle.

Aux *Meadows*, certaines pièces sont insonorisées. Ainsi, les patients peuvent extérioriser leurs sentiments sans risquer de troubler les autres malades.

Abus social

Dans les premières étapes de l'existence, il revient aux parents d'apprendre à l'enfant qui il est et comment agir dans la vie quotidienne. Mais, vers l'âge de cinq ans, les petits camarades ont une extrême importance, parce que eux aussi lui apprennent beaucoup sur lui-même, sur la façon dont il doit se comporter dans ses rapports relationnels. Si les parents s'opposent directement ou indirectement à cet enseignement « sur le tas », il y a violence sociale.

L'obstacle peut être direct comme quand les parents disent : « Nous avons nos secrets, ils ne doivent pas être divulgués. » Ou encore : « Le linge sale se lave en famille et il n'est pas question que tu fasses venir des copains à la maison, ou que tu ailles chez eux. »

La violence indirecte survient quand l'enfant ne se sent pas libre d'inviter ses amis. Cette absence de liberté se manifeste aussi lorsque l'enfant se trouve contraint d'assumer des tâches ménagères de sorte qu'il n'a plus le temps de se distraire. L'interdit peut ne pas être formel. Mais, un père alcoolique ou obsédé sexuel, une mère dévergondée sont autant d'obstacles que l'enfant ne saura surmonter en présence de ses camarades. L'infirmité ou la maladie d'un père ou d'une mère servent souvent de prétexte pour isoler l'enfant. Leur message se traduit alors ainsi : « Je vais me sentir gêné si tu reçois tes amis à la maison. » Dans une famille fonctionnelle, on aide les enfants à mener une vie normale en dépit de ces handicaps afin d'éviter toute gêne de part et d'autre.

Négligence et abandon

Parmi les formes de violence, l'abandon ou la négligence sont celles dont souffrent le plus les dépendants.

J'utilise deux approches pour déceler les traumas causés par ces violences. La première consiste à savoir si les besoins fondamentaux de mon patient ont été comblés au cours de son enfance. La seconde, à connaître quelles étaient les assuétudes des parents, afin de comprendre les causes de négligence ou d'abandon.

1) Vêtements
2) Abri
3) Soins médicaux et dentaires
4) Maternage affectif (temps, attention, conseils)
5) Informations et conseils dans le domaine sexuel
6) Informations et conseils dans le domaine financier

Si l'un de ces besoins fondamentaux est négligé, il y a un abandon et l'enfant vit une violence. Le maternage affectif est essentiel au développement de l'enfant. Si les parents veillent à le satisfaire, l'enfant acquiert une vision positive de lui-même. Des parents fonctionnels confortent l'enfant, sans même avoir à l'exprimer oralement : « Tu as de la valeur. » Par le maternage affectif, ils lui apprennent aussi comment agir et se tenir dans la vie.

On parle de négligence quand le besoin de maternage affectif n'a pas été correctement satisfait. Si un père n'apprend pas à son fils à se conduire en homme et à bien gérer le travail, l'argent, la manière de s'habiller et les relations avec autrui, le fils devenu adulte éprouvera un sentiment de honte devant son ignorance sociale. Dans la plupart des cas de négligence, les maigres tentatives de maternage affectif sont insuffisantes. Alors que dans les cas d'abandon, les besoins de maternage affectif n'ont jamais été satisfaits. Cela se produit quand l'un des parents, voire même les deux se sont montrés indisponibles, soit par leur absence dans le foyer, soit affectivement. L'enfant peut aussi se sentir abandonné s'il n'est plus le centre des préoccupations majeures de ses parents.

L'abandon peut également résulter d'un divorce. L'un des parents quitte le foyer, subvient aux besoins matériels de l'enfant, se contente de quelques visites, mais demeure absent quant au maternage physique. L'internat est souvent une solution, mais elle contribue au retard dans le développement de l'enfant, frustré du temps, de l'attention et des conseils de ses parents.

A l'origine de l'abandon, il peut également y avoir la mort de l'un des parents par maladie ou accident, suicide ou menaces de suicide. La fuite provisoire de l'un des parents traumatise également un enfant. Surtout, si elle se révèle répétitive. Une de mes amies, issue d'une famille nombreuse, m'a raconté avoir subi ce type d'abandon répétitif. Quand elle ou l'un de ses six frères et sœurs exprimait un besoin — si fondamental fût-il —, les nerfs de leur mère lâchaient. Sa première réaction était de battre l'enfant qui lui posait des problèmes, puis elle faisait ses valises et disparaissait pendant deux ou trois jours.

Les assuétudes entraînent négligence et abandon

Les assuétudes telles que la pharmaco-dépendance (toxicomanie et alcoolisme), l'obsession sexuelle, la passion du jeu, le fanatisme religieux, les troubles de la nutrition, la prodigalité, l'assuétude au travail et la dépendance amoureuse sont causes de négligence et d'abandon des enfants.

La dépendance amoureuse peut être, pour certains, l'unique moyen de se valoriser. Le sujet qui en dépend passera par toutes les affres de la douleur et de l'humiliation pour arriver à ses fins. En cas d'échec, il se sentira dévalorisé et sombrera dans le déséquilibre. Ce besoin de dépendance peut être aussi affectif et exiger l'amour d'un père, d'une mère ou d'un enfant. Totalement obsédé par l'objet de son assuétude, un parent négligera ou abandonnera tout son entourage familial.

L'assuétude au travail — être « trop occupé » pour prêter attention à autrui — peut être aussi agressive et nuisible au développement de l'enfant que n'importe quel autre type d'assuétude. Mais elle est beaucoup plus dure à combattre parce que cultivée par la société. Il n'en reste pas moins que si papa ou maman est un bourreau de travail, les besoins de maternage affectif des enfants ont de fortes chances de rester insatisfaits.

Certains troubles de la nutrition peuvent amener un parent à négliger ou à délaisser ses enfants. Ainsi, une mère boulimique ou anorexique deviendra indisponible. Et, si elle lutte contre l'intoxication et la prise de poids en faisant de l'exercice, elle sera plus souvent au gymnase que chez elle.

L'obésité rend souvent le parent léthargique et inapte à partager les jeux sportifs de ses enfants. Il convient également de noter que l'aspect du parent obèse (comme toute autre difformité physique) peut être un sujet de honte pour l'enfant. En pareil cas, on ne peut s'attendre qu'il surmonte seul cette honte, et un adulte doit en discuter avec lui.

Si une mère a un problème nutritionnel entraînant une méconnaissance de sa propre apparence — se croire grosse, par exemple, alors qu'elle ne l'est pas —, elle aura tendance à reporter cette phobie sur ses enfants. Elle les jugera trop gros, les mettra au régime, alors qu'ils n'en ont nul besoin. Des patients adultes, entrés en traitement pour troubles de la nutrition, m'ont plusieurs fois signalé que, enfants, ils se trouvaient trop gros. Je leur ai demandé de m'apporter des photos pour m'assurer de leur corpulence. Bon nombre d'entre eux ont fini par avouer : « Mais où diable maman a-t-elle été pêcher que j'étais gros ? »

Maladie physique ou mentale d'un parent

Bien que la maladie physique ou mentale n'ait rien d'une assuétude, ses effets sur la famille peuvent être les mêmes. Un parent mentalement dérangé (ayant perdu contact avec la réalité) ou affligé de troubles physiques n'est plus disponible pour l'enfant, qu'il soit chez lui ou à l'hôpital.

Il s'agit là d'un cas où le parent n'a pas l'intention d'exercer une violence. Il n'est pas responsable de son mal. Mais la maladie parentale n'en suscite pas moins chez l'enfant les mêmes problèmes que tout autre comportement traumatisant des parents. Un père ou une mère malade n'est plus disponible pour s'occuper de l'enfant.

Dépendance parentale

Comme nous l'avons vu au chapitre 3, des parents dépendants peuvent vivre l'assuétude ou la maladie physique ou mentale comme un moyen d'éviter une réalité qui leur paraît intolérable. Or, nous venons de voir qu'il peut en résulter négligence et abandon.

Le même cas de figure se produira si un parent dépendant se met au service des autres pour satisfaire son besoin d'autoconsidération. Débordé par sa tâche, submergé par un épuisement affectif et mental, il ne tardera pas à délaisser ses propres enfants en faveur de personnes étrangères à la famille.

13

Abus intellectuel

Comment une famille fonctionnelle favorise-t-elle le développement intellectuel de son enfant ? A mon avis, par deux facteurs essentiels : 1) soutenir la réflexion de l'enfant ; 2) lui inculquer une philosophie de la vie qui lui permettra de résoudre ses problèmes.

Soutenir la réflexion de l'enfant

L'abus intellectuel survient chaque fois qu'un enfant est agressé ou ridiculisé sur ce qu'il pense. On doit lui accorder le droit d'avoir son propre jugement, même s'il diffère de celui des parents. Ce cas se présente souvent lorsque la forme de pensée des parents est si rigide qu'elle ne laisse aucune place aux idées de l'enfant.

Une famille fonctionnelle soutient l'activité intellectuelle de l'enfant en lui délivrant le message que ses facultés ne sont ni moindres ni supérieures à celles de tout un chacun, même s'il a encore beaucoup à apprendre. L'enfant doit avoir le droit de s'informer auprès des adultes, et ses questions doivent être traitées avec respect. Cela ne signifie pas que les parents aient à entériner chaque opinion de l'enfant et vice versa. Mais chaque membre de la famille a le droit de donner son avis et l'on doit l'y encourager.

Lorsque l'enfant viole une règle familiale, les parents doivent s'y opposer sans porter atteinte à la valeur de l'enfant. Il faut lui délivrer clairement le message que certaines de ses conclusions sont incorrectes faute de tout savoir. Sa pensée, comme toute mécanique de précision, a besoin de temps à autre d'un bon réglage.

Je m'efforce de laisser les idées de mes enfants différer des miennes, pourvu qu'ils continuent d'observer les règles que j'édicte quant à leur santé, leur sécurité et l'harmonie régnant dans la maison. Je me souviens d'un jour où ayant à faire des courses, je n'avais personne pour garder mon fils de huit ans. Il n'avait pas envie de m'accompagner, préférant regarder des dessins animés à la télévision. Je lui ai dit qu'il avait parfaitement le droit d'avoir un avis différent du mien, mais qu'il était trop jeune pour rester seul à la maison. « Donc, conclus-je, tu m'accompagnes au supermarché, que tu le veuilles ou non. » Je maintins ma décision, mais il ne se sentit pas agressé pour avoir exprimé son désir.

Philosophie de la vie aidant à résoudre les problèmes

La violence intellectuelle n'est pas moins manifeste lorsqu'on n'apprend pas aux enfants qu'il est normal d'avoir des problèmes et qu'on ne leur donne pas les moyens de les résoudre. Je me souviens du choc que j'ai éprouvé lorsque j'ai été confrontée à la réalité de la vie et des inévitables situations auxquelles je n'avais pas été préparée. Le message qui m'avait été délivré était le suivant : « Tu devrais d'ores et déjà savoir comment résoudre ce problème (quel qu'il soit). Pourquoi devrais-je te l'expliquer ? Si tu étais normale, tu saurais l'affronter. » Je pensais que mes problèmes disparaîtraient d'eux-mêmes dès l'instant où j'apprendrais à vivre de façon fonctionnelle. Il n'en fut rien, hélas. Pire, ils n'en furent que plus présents lorsque j'en pris conscience. « Je regrette mes illusions d'antan, en arrivais-je à dire. « Au moins, jadis, je ne me rendais pas compte à quel point la vie est un calvaire ! »

Je restai ainsi désarmée devant mes problèmes jusqu'à ce que Pat, mon mari, m'apprenne à les résoudre, en partie pour préserver son propre équilibre mental. Ce fut une dure expérience pour nous deux.

Dans notre société, l'on a un peu trop tendance à croire que les sujets brillants et intelligents n'ont aucun problème. C'est faux. Une famille fonctionnelle se doit de rassurer l'enfant, mais surtout de lui enseigner comment les résoudre.

A l'inverse, une famille dysfonctionnelle n'offrira pas à l'enfant le choix de prendre ses décisions. Ou bien, elle fera preuve d'abandon et de démission. Les solutions de l'enfant seront alors erronées et immatures, comme il se doit. S'abstenir d'indiquer aux enfants des méthodes fonctionnelles pour résoudre leurs problèmes, ou ne leur fournir que des arguments asociaux ou pervers, c'est faire acte de violence intellectuelle. Leur apprendre à dominer leurs problèmes en dominant autrui, au besoin par mensonge, tromperie ou vol, les rendra marginaux, avec toutes les conséquences impliquées par cette éducation.

Sur le plan philosophique, je crois que : « La vie n'est pas toujours juste. » Aussi lorsque l'un de mes enfants commence à gémir sur les injustices de la vie, je lui réponds : « Exact. » Et nous discutons sur le fait précis qu'il juge injuste.

Je laisse mes enfants m'exposer la situation personnelle ou sociale qui les révolte : « C'est atroce. Je suis incapable de le supporter. »

Et de les rassurer: « Mais si, tu le peux. Tu es parfaitement capable de supporter la souffrance. »

Ils finissent par acquiescer. Il me revient ensuite de leur indiquer comment prendre soin d'eux pendant ces moments difficiles.

C'est ce que j'appelle fournir à mes enfants la façon de résoudre des problèmes en m'appuyant sur ma propre philosophie de la vie. Tout le monde n'est pas forcé de la partager, mais j'estime que tout parent a le devoir de communiquer à ses enfants les techniques qui lui ont été le plus profitables. Je pense que les parents doivent entretenir le dialogue avec l'enfant, évoquer leur propre existence et les difficultés qu'ils ont dû affronter.

Refuser d'explorer les doutes enfantins

Il y a également abus intellectuel lorsque, après avoir communiqué croyances et opinions, les parents restent muets quant aux doutes qu'elles peuvent avoir soulevés. En pareil cas, l'enfant n'a aucun moyen de savoir que les adultes sont constamment confrontés aux doutes et ne cessent de se remettre en question. Il en déduit que lui-même est censé avoir des idées bien arrêtées, dont il ne doit dévier sous aucun prétexte. Ceci débouche sur la violence spirituelle — évoquée dans le chapitre suivant. Il peut en résulter chez l'enfant le sentiment d'être coupable, indigne, voire dément, chaque fois qu'un doute normal l'assaille.

Certes, la frontière est parfois mince entre exprimer des doutes et transmettre des craintes. Mais ce que je tiens à souligner, c'est qu'il est intellectuellement abusif de la part d'un parent de se présenter comme parfait, inaccessible au doute et n'ayant que des certitudes.

14

Abus spirituel

Est spirituellement abusive toute expérience entraînant une perversion, un retard ou quelque autre interférence dans le développement spirituel d'un enfant. Il existe au moins trois situations dans lesquelles l'enfant risque de vivre une violence spirituelle : quand un parent se substitue à la Puissance Supérieure, quand un des parents ou les deux ont une conception fanatique de la religion, et quand une autorité religieuse — curé, pasteur, rabbin, catéchiste ou directeur de chorale — abuse de la crédulité d'un enfant de quelque manière que ce soit.

Quand un parent se substitue à la Puissance Supérieure

Quand un nouveau-né fait son entrée dans la famille, les parents font office de Puissance Supérieure : il s'en remet à eux pour survivre. Bien entendu, contrairement à Dieu, les parents sont des créatures humaines, faillibles par nature. Des parents fonctionnels acceptent leur faillibilité et en assument les conséquences. Ils transmettent à l'enfant leur conscience d'être imparfaits et s'excusent volontiers auprès de lui quand cette imperfection lui a fait du tort. Ils se refusent ainsi à rester à ses yeux la Puissance Supérieure. Des parents fonctionnels montrent explicitement à l'enfant qu'ils s'en remettent eux-mêmes à cette Puissance Supérieure. Pour qu'il y ait développement spirituel harmonieux, ne peut être omnipotente et parfaite que cette entité non parentale d'essence divine.

Le lien entre les diverses formes de violence physique, sexuelle, affective et intellectuelle d'une part et la violence spirituelle d'autre part est établi par le message que reçoit l'enfant au cours de toute violence : « Je suis plus puissant que toi, dit l'agresseur par son attitude. Je peux te faire ce que bon me semble. Je suis ton dieu. Ma volonté prévaut sur la tienne et je vais abuser de toi pour que tu comprennes à quel point tu m'es soumis. » Quand des parents abusifs se substituent ainsi à la Puissance Supérieure dans la conscience d'un enfant, ils y modèlent l'image d'un Dieu vengeur, égocentrique et outrancier.

Toute violence majeure (comme battre un enfant, abuser sexuellement de lui, l'injurier, le ridiculiser, le délaisser, contrôler chacun de ses actes et exiger de lui une perfection impossible) est également assimilable à une violence spirituelle, car la confiance de l'enfant en une Puissance Supérieure s'en trouve altérée. Bon nombre de gens, par exemple, n'entendront jamais sans un certain malaise faire référence à Dieu sous l'hypostase du « Père », de par le souvenir traumatisant qu'ils ont gardé de leur géniteur et éducateur humain. Quand je m'adresse à des dépendants, j'ai soin de toujours définir Dieu comme « une puissance qui vous est supérieure et qui est également supérieure à vos parents ».

Quand, par le biais d'un comportement abusif, un père ou une mère se pose en Puissance Supérieure, l'enfant en vient à haïr ou à adorer ce père ou cette mère selon que la violence subie lui a donné un pouvoir ou un complexe d'infériorité. Si l'expérience abusive a un caractère négatif, l'enfant développera des sentiments de haine qui, à l'âge adulte, feront obstacle, tant qu'ils ne se seront pas dissipés, à l'établissement d'une saine relation avec la Puissance Supérieure. Si une violence a désemparé ou humilié l'enfant, il aura une image extrêmement négative de lui-même, rencontrera les plus grandes difficultés à se considérer comme un fils ou une fille de Dieu, et digne d'être aimé.

Si la violence lui a donné un pouvoir, l'enfant se met à vouer un véritable culte au parent abusif. Adulte, il aura beaucoup de mal à reconnaître avoir été victime de violence. A peine se rendra-t-il compte que sa relation avec le parent a porté atteinte à son développement. Il en est ainsi parce que ces sujets éprouvent toujours le besoin de protéger le parent qui les a rendus supérieurs. Cette vénération occulte tant la violence subie que les imperfections parentales. Ils risquent de ne jamais réaliser que leur père ou leur mère s'est comporté telle une Puissance Supérieure.

Cette illusoire supériorité expérimentée durant l'enfance peut amener l'adulte à se prendre pour Dieu ! Le comportement abusif d'un parent l'ayant investi d'un tel pouvoir, le comportement de l'enfant est plus probant qu'un long discours : « Je suis mieux que les autres et donc une Puissance Supérieure. J'ai le droit et le pouvoir de faire ce qui me plaît, de prendre le bien d'autrui, de le manipuler pour parvenir à mes fins. » Quand les enfants se prennent pour leur propre Puissance Supérieure et s'octroient le droit d'offenser et d'humilier, ils sont singulièrement coupés de toute expérience spirituelle.

Il arrive que l'enfant soit exaspéré par la notion

de Dieu, telle qu'elle est conçue dans la famille. Il se révolte contre Lui, ses parents ayant pris Dieu en otage pour abuser de leur enfant. L'enfant peut également blâmer Dieu qu'il rend responsable du mal causé par l'adulte. Il est évident que reprocher à Dieu les violences subies risque d'engendrer plus tard le refus de s'en remettre à Lui.

Quelques exemples peu évidents

Contrôle abusif: les enfants naissent en ignorant qui ils sont ou comment se conduire dans la vie. Ils acquièrent les premières notions en observant le comportement et les actes de leurs parents.

Au cours des trois premières années de leur vie, on les voit agir comme ils l'entendent. Si les parents commencent à freiner leur autonomie et persistent à leur refuser toute indépendance jusqu'à l'âge adulte, il y a contrôle abusif.

Si les parents imposent à leur progéniture leurs croyances, leurs convictions, jugeant les siennes inacceptables, il y a de grandes chances que ses goûts innés et son développement naturel restent atrophiés. Si cette répression de liberté est portée à l'extrême et qu'un enfant moule définitivement son comportement sur celui de ses parents, il perdra sa personnalité. Adulte, il aura recours à l'assistanat pour surmonter des situations nouvelles ou difficiles. Ayant perdu toute spontanéité et créativité, ses réactions demeureront impersonnelles.

Certains risquent de rechercher dans le mariage ou dans des communautés religieuses cet assistanat dont ils ont besoin.

Imposer des règles surhumaines: dans une famille fonctionnelle, les règles de vie doivent être équilibrées. Ainsi, les valeurs de l'enfant bénéficieront de solides fondations. Deux facteurs sont à respecter: imposer un règlement clair et ne pas outrepasser les forces humaines. Chaque famille peut appliquer un règlement qui lui soit propre dès l'instant où l'enfant le perçoit comme étant sain et rationnel.

Dans une famille dysfonctionnelle, un tel règlement n'existe pas. Ou bien, s'il existe, il est si fou et empli de contradictions que la vie quotidienne devient chaotique. Parfois raisonnables, certaines règles ne sont pas respectées par les parents. Il en résulte le message suivant: « Fais ce qu'on te dit et non ce que nous faisons. Nous sommes au-dessus de tout règlement. » Ainsi un parent grand fumeur dira à ses enfants: « Que je ne vous voie jamais avec une cigarette! »

De par ces règles et valeurs surhumaines, un enfant s'efforcera continuellement de se lancer dans des entreprises vouées à l'échec, et il expérimentera la honte. Il en viendra à croire que Dieu exige le respect de ces règles qu'il ne pourra jamais suivre, et se sentira indigne de Son amour, de Son estime et de Son secours.

Exigence de perfection: comme nous l'avons vu dans le chapitre 4, les enfants sont des êtres imparfaits. Il est donc dysfonctionnel de leur faire croire en la perfection humaine. Peut-être un tel enseignement ne leur sera-t-il pas donné explicitement. Mais l'espérance latente des parents peut devenir abusive lorsqu'ils exigent de leurs enfants un comportement parfait: aucune bêtise, des bonnes notes, une attention constante.

La peur de laisser voir ses imperfections peut inciter l'enfant à mentir, pour s'épargner la honte d'éventuels échecs. Il peut aussi occulter les imperfections de ses éducateurs. Tant les uns que les autres n'ont aucune chance de progresser sur le plan spirituel.

De par sa nature, un enfant ne peut penser et

agir comme un adulte, et y aspirer est dysfonctionnel. Certains enfants font des efforts démesurés pour se conduire en adultes et développent un perfectionnisme obsessionnel, voire une véritable assuétude au travail. Malheureux, redoutant les échecs, ils sont rarement capables de se réjouir de leurs succès, déplorant sans cesse leurs imperfections.

Ils grandissent ainsi avec la sensation erronée mais puissante que leurs échecs répétés viennent de ce qu'ils ne peuvent atteindre cet objectif illusoire qu'ils se sont fixé et qui se dérobe devant eux comme un mirage dans le désert de leur vie. Et il n'est pas rare qu'adultes ils éprouvent de la honte pour tout comportement humain.

Vu sous cet angle, le perfectionnisme devient dysfonctionnel. A titre personnel et pour en avoir souffert, je me suis fixé une règle de conduite : « Je fais ce qui mérite de l'être. Peu importe le résultat. Seule, la démarche est importante. »

Abandon : l'abandon exerce une violence sur le plan spirituel. Laissé à lui-même et tenu d'assumer seul son éducation, l'enfant idéaliste peut être amené à se croire parfait, tel son propre dieu. Cette idée qu'il se fait de lui l'éloigne de la spiritualité. Si les parents ne lui ont pas inculqué la notion d'un Être Supérieur, l'enfant conclut qu'Il n'existe pas ou bien qu'il ne peut Lui faire confiance pour le soutenir et l'éclairer dans sa vie quotidienne.

Absence d'information sur une spiritualité authentique : ce sont les parents qui doivent initier l'enfant à la dimension spirituelle et lui montrer comment eux-mêmes la vivent. Négliger cet enseignement est dysfonctionnel.

Parents qui refusent de reconnaître leurs erreurs : la plupart des parents dysfonctionnels refusent de présenter des excuses, voire même de se justifier quand ils commettent une erreur, si manifeste soit-elle. A nier ainsi ses responsabilités, l'éducateur induit chez l'enfant la conviction qu'il peut offenser autrui et échapper aux conséquences et à la honte naturelle. Celui qui l'ignore ne peut vivre sur ce plan spirituel qui exige que nous assumions nos responsabilités.

Assuétude des parents à la religion

L'assuétude est un processus obsessionnel destiné à écarter le sujet d'une réalité intolérable. L'objectif de l'assuétude étant d'occulter la douleur morale, elle devient prioritaire au détriment des enfants.

Les fanatiques usent des religions ou de Dieu comme d'une drogue pour acquérir du pouvoir, contrôler leur entourage et amoindrir les effets dévastateurs de la réalité (émotions, pensées, maux physiques ou autres souffrances). Les religions ou la croyance en Dieu soulagent effectivement les peines. Mais, si les sujets en font un usage immodéré, ils tombent dans l'assuétude. Les fanatiques abusent presque toujours de leurs enfants, tant ils se concentrent sur leur assuétude qui les détourne de leurs devoirs parentaux.

La négligence est la première violence que subissent les enfants. Ces bourreaux d'activité religieuse ne sont jamais chez eux mais plutôt dans une église pour étudier la Bible ou la théologie, débattre des points de doctrine ou enseigner le catéchisme, s'occuper des nécessiteux sans s'apercevoir que leurs propres enfants ont un besoin tout aussi essentiel de leur présence.

Une seconde violence est appliquée lorsque des fanatiques usent du concept de Dieu pour effrayer et menacer leurs enfants. La peur du châtiment divin ainsi inculquée aux enfants les entraîne dans une forme d'obéissance aveugle. Les enfants finissent par ne voir en Dieu qu'une source de terreur.

En troisième lieu, citons les fanatiques qui esquivent les problèmes familiaux en se retranchant derrière les versets de la Bible. Loin de moi l'idée de mettre en doute la valeur des citations bibliques. A titre personnel, je lis la Bible et y trouve un grand réconfort, ainsi que des richesses spirituelles. Mais lorsque des parents développent une assuétude à la religion, cela s'effectue au détriment de leur propre évolution : ils sont souvent naïfs et pusillanimes. Leurs enseignements ne sont guère personnels. L'enfant n'est plus structuré par des règles de vie et des explications qu'il puisse comprendre, mais par des versets de la Bible dont le sens lui échappe. L'esprit de l'enfant, naturellement immature, n'est pas à même de comprendre des concepts religieux ou éthiques tant soit peu profonds. Or, il est fréquent que des citations mettant en jeu de tels concepts lui soient imposées sans la moindre explication sur le sens qu'ils comportent. Citer la Bible à un enfant risque de lui adresser sur un mode implicite le message suivant : « Si tu étais à la hauteur, tu comprendrais ce que je te dis et ce que Dieu attend de toi. » Cette expérience est frustrante.

De nombreux fanatiques donnent à leurs enfants l'exemple d'une totale irresponsabilité. Ils s'en remettent à Dieu en toute occasion et refusent de faire par eux-mêmes la moindre démarche. Pareille attitude peut se décrire ainsi : « Je n'ai aucun pouvoir sur ma vie et ne puis prendre la responsabilité d'agir par moi-même. Tout est entre les mains de Dieu. Je m'en remets à Dieu. » Mais : « Aide-toi et le ciel t'aidera ! » Voilà ce qu'un enfant doit apprendre. A défaut de quoi, ces futurs adultes seront mal équipés pour affronter l'existence telle qu'elle est.

Autre principe dysfonctionnel : pour les fanatiques, il n'est d'autre problème que celui de ne pas être en règle avec Dieu. L'enfant ne peut y voir une erreur de jugement. Il finira par culpabiliser, incapable de déceler l'abus parental. Il attribuera ses problèmes et les violences dont il est victime à son défi aux lois divines. Dieu devient pour lui synonyme de châtiment.

Ceux qui sont en règle avec Dieu se font aider par Lui pour affronter leurs problèmes.

Jadis, j'étais convaincue qu'une fois sur le chemin de la guérison mes problèmes disparaîtraient : plus de jalousie, de colère ou de bagarres conjugales avec mon premier mari. J'imaginais une vie devenant toute simple. Hélas, la réalité s'est révélée autre : j'ai eu l'impression de crouler sous les problèmes en prenant conscience de la réalité. En contrepartie, j'ai davantage savouré mes joies, mes craintes se sont amoindries, et je suis devenue plus sereine.

Les enfants de fanatiques ont souvent l'impression que contrer leurs parents, c'est contrer Dieu Lui-même. Ces sujets éprouvent d'énormes difficultés à s'opposer au comportement abusif de leurs parents.

A la description que me font de leurs parents des patients spirituellement traumatisés, je devine souvent qu'il s'agissait de fanatiques. La résistance du patient à aborder ce sujet est si forte et si véhémente qu'on ne peut l'expliquer que par la terreur qu'ils éprouvent à admettre combien traumatisante fut leur vie dans cette famille pseudomystique.

Dans notre programme en douze étapes, le succès de la guérison dépend en grande partie du niveau spirituel du patient. Si ce dernier n'a pas le sentiment qu'il existe une puissance amie supérieure à lui-même et à ceux qui l'ont formé, il lui est très difficile de s'engager sur la voie de la guérison. Or, comme j'estime que ce programme en douze étapes est essentiel pour se libérer de la dépendance, on ne saurait envisager de le mener avec succès si l'on refuse d'aborder les problèmes engendrés par la violence spirituelle.

Abus physiques, sexuels ou moraux provenant d'une autorité religieuse

C'est pour un enfant source d'angoisse que d'être en butte au comportement abusif (qu'il soit d'ordre physique, sexuel ou moral) d'un représentant de l'autorité religieuse. Un pourcentage non négligeable de patients qui entrent en traitement aux *Meadows* pour pharmaco-dépendance, assuétude nutritionnelle et/ou dépendance font état d'abus sexuels dont ils ont été victimes dans l'enfance de la part d'hommes et de femmes d'une congrégation religieuse. Le même type de violence est parfois exercé par des médecins, des conseillers familiaux, des psychiatres et autres professionnels.

Les autorités religieuses ne sont pas à l'abri de l'obsession sexuelle. Cette forme d'assuétude passe plus facilement inaperçue en raison de la vulnérabilité de ceux qui réclament une aide spirituelle ou une prise en charge. On ne soupçonne guère un religieux ou un gourou. Les victimes manifestent une évidente répugnance à dénoncer leur offenseur. Et quand bien même elles se décident à le faire, on refuse souvent de les croire.

Contrairement à ce qui se produit quand la violence spirituelle est le fait d'un parent, l'autorité religieuse qui abuse d'un enfant ne devient pas la Puissance Supérieure de sa victime. Plus souvent, du fait que l'agresseur est un représentant divin, l'enfant tourne sa haine vers Dieu et Lui reproche d'avoir permis cette violence. Ou encore, l'enfant éprouve de la peur envers cet Être Suprême.

L'agression sexuelle s'avère particulièrement destructrice quand elle est perpétrée par un représentant de l'autorité religieuse. Les victimes que j'ai eu l'occasion de soigner m'ont, par le nombre et la gravité de leurs symptômes, inspiré la conviction qu'il s'agit d'un acte criminel. De manière plus ou moins accentuée, la plupart d'entre eux oscillaient entre la vie et la mort au cours du processus de guérison, luttant avec cette question aussi cruciale qu'implicite : « Vais-je prendre la décision de vivre ou celle de me suicider ? » Le plus souvent, ils n'envisageaient pas consciemment le suicide, mais leur histoire était liée à des comportements suicidaires.

Au cours du traitement, sitôt que les souvenirs de la violence sexuelle refaisaient surface, mes patients essuyaient le choc d'un traumatisme intense et douloureux. Il est atrocement dur de constater consciemment le comportement honteux et abusif d'un représentant de Dieu. Le seul fait de s'en souvenir génère un malaise qui s'accentue lorsqu'on réalise avoir subi une agression de la part d'une personne auprès de laquelle on était censé être en sécurité. La plupart des sujets sont atterrés et révoltés par cette découverte. Par crainte de représailles divines, ils n'osent exprimer leur colère contre Dieu. Bien souvent, ils la tournent contre eux-mêmes, sombrent dans la dépression et les idées suicidaires. Il est très difficile de les amener à exorciser leurs sentiments et à se libérer de l'énorme emprise des émotions résiduelles. Mais tant la guérison que l'authentique spiritualité ne sauraient être atteintes sans qu'on ait auparavant triomphé de toute résistance.

Je sais que, sans la spiritualité, mon processus de guérison aurait probablement échoué et sans doute me serais-je suicidée. Avant tout, la guérison dépend du développement d'une authentique spiritualité. Mais quiconque a subi une agression sexuelle de la part d'une autorité religieuse éprouve des difficultés à accepter cette part importante de notre programme. L'absence de confiance en une Puissance Supérieure entrave les étapes. Une amie était suicidaire, car un prêtre ayant abusé d'elle, elle ne parvenait à trouver la paix. La colère et la souffrance l'éloignaient de Dieu et des facteurs spirituels proposés par le programme. Selon les entretiens que j'ai eus avec des patients, les violences d'ordre physique, émotionnel ou spirituel perpétrées par des autorités religieuses entraînent de très graves phénomènes de déni, d'illusion et de refoulement. Mais lorsque la violence est d'ordre sexuel, les conséquences sont encore plus graves et plus dures à traiter.

La dépendance : qu'est-elle, d'où vient-elle et comment ruine-t-elle notre vie ?

Comme nous l'avons vu, les méthodes parentales sous-éducatrices ou dysfonctionnelles engendrent des enfants traumatisés qui ne s'adaptent à l'existence qu'en devenant des adultes dépendants.

Notre arrachement à la dépendance et aux séquelles des expériences abusives vécues dans notre jeunesse améliorera nos conditions d'existence et l'éducation que nous donnons à nos propres enfants. Le bénéfice de la guérison sera sensible dans tous nos rapports relationnels, que ce soit dans le cadre de l'école, du scoutisme, de la vie paroissiale ou de l'existence quotidienne au foyer. Ainsi prêterons-nous plus d'attention à notre impact sur ces êtres estimables, vulnérables, imparfaits, dépendants et immatures que sont les enfants. Il n'en reste pas moins que, pour nous autres dépendants, tout changement positif commence par la rupture avec les illusions concernant notre condition et notre histoire, et par l'effort de vouloir guérir. Ensuite, tout naturellement, le processus de guérison nous rapprochera de nos enfants et de notre entourage.

Désormais, nous avons une vision holistique de la dépendance, de ses origines et de sa façon d'opérer dans notre vie d'adultes. Bien qu'il soit évident que nous sommes « innocents » de notre dépendance, bon nombre d'entre nous gardent à leur égard un sentiment de mépris et de dégoût pour cette image « immature et stupide » que nous donnons tous. J'ai personnellement avancé sur la voie de la guérison quand j'ai pris conscience du caractère pathologique de notre état et de notre impuissance face aux événements passés qui en sont la cause.

Apprendre quelle est la nature de nos maux, puis assumer la responsabilité de guérir s'ouvrent sur une vie nouvelle. Notre premier grand pas consiste à faire face à la dépendance. Mais ensuite, comment soigner ces plaies de notre enfance et entamer ce processus de maturation qui fera de nous des adultes fonctionnels ?

QUATRIÈME PARTIE

Le chemin vers la guérison

15

La guérison personnelle

J'ai fait de mon mieux pour décrire les symptômes et les origines de la dépendance.

Dans cette dernière partie, il me semble indispensable d'indiquer quelles sont les grandes lignes de la guérison.

Certains lecteurs peuvent avoir éprouvé un choc en lisant les caractéristiques de la dépendance et en les identifiant comme étant les leurs. Qu'ils ne désespèrent pas ! Il existe des moyens de retrouver un équilibre face aux autres. Ce mal est reconnu et l'on sait comment le soigner. De plus en plus, les psychothérapeutes s'y intéressent et beaucoup de patients peuvent témoigner du bien-fondé de leur traitement.

Si, à la lumière de ce livre, vous pensez souffrir de dépendance, je ne saurais trop vous recommander de consulter un thérapeute et de suivre notre programme en douze étapes, proposé par les Dépendants Anonymes, afin de trouver les solutions pour vous en libérer.

Faire face à la dépendance

Faire face à la dépendance, c'est d'abord l'accepter comme telle et reconnaître les symptômes comme étant les siens. Au cours de cette confrontation, lorsque nous tentons de modifier notre comportement, nous nous heurtons à une incommensurable résistance et à un déferlement d'émotions irrationnelles. Il s'agit là d'un élément normal du processus de guérison.

Comme nous l'avons vu, ces symptômes peuvent passer d'un extrême à l'autre. Résumons-les brièvement :

N'éprouver que peu ou pas du tout d'autoconsidération	Se camper dans une attitude supérieure et arrogante
Être trop vulnérable	Être invulnérable
Être « méchant », rebelle	Être « gentil », parfait
Être trop dépendant	Être antidépendant, ou « sans besoins ni désirs »
Être chaotique	Être hypercontrôlé

Caractéristiques des dépendants en cours de guérison

Quelles que soient nos réactions extrémistes, nous avons toujours l'impression, au cours du traitement, de tomber dans des extrêmes inverses. Nous pouvons passer d'une absence ou d'un faible niveau d'autoconsidération à une saine estime de soi, avec le sentiment que nous nous conduisons peut-être avec arrogance, de l'hypervulnérabilité à la crainte de devenir froids et distants. Bref, après avoir vécu dans la dépendance, notre indépendance peut nous effrayer. Et le seul fait de mettre de l'ordre dans notre existence risque d'engendrer en nous la certitude que nous exagérons.

A l'inverse, abandonner notre arrogance peut nous sembler inconfortable. Nous aurons la sensation de nous exposer à tous les dangers. Accepter notre imperfection s'ouvrira sur l'impression de mal se conduire, etc.

C'est l'instant de nous convaincre que même si nous avons l'impression d'exagérer dans l'autre sens, ce n'est probablement pas le cas. Une ménagère perfectionniste qui laissera traîner sa vaisselle toute une nuit dans l'évier pourra se considérer comme une souillon alors qu'il n'en est rien. Si guérir nous fait l'effet de basculer dans l'extrême opposé, c'est parce que la dépendance nous a éloignés de tout comportement fonctionnel. Ces incertitudes sur la normalité font partie du processus de guérison. Elles disparaîtront au fur et à mesure que nous apprendrons à nous livrer et à écouter les autres dans les séances de groupe.

Peu à peu, confronté à ses symptômes fondamentaux, le dépendant découvre les valeurs d'un sujet fonctionnel :
- Une estime de soi venant de l'intérieur.
- Une vulnérabilité non exempt de protections.
- Une prise de conscience des imperfections et la faculté de se faire aider par une Puissance Supérieure.
- De l'interdépendance.
- La capacité de vivre la réalité de façon équilibrée.

La guérison naît de la souffrance

Si le dépendant ne souffre pas de son comportement dysfonctionnel, il n'éprouvera pas l'envie de changer. Nous ne nous éveillons pas un matin en disant : « Bon. J'ai décidé de mûrir et de trouver mon équilibre mental. » Ainsi, l'arrogant peut fort bien supporter cette attitude qui l'isole et ne pas être motivé pour en adopter une autre. Si les membres de sa famille sombrent peu à peu dans la démence ou s'il est incapable d'éprouver la moindre intimité avec son entourage, il assume ses problèmes et ne s'en estime que davantage.

Il en résulte que suivre un traitement va l'obliger à sortir de sa forteresse et le précipiter dans les tourments. Lorsque l'arrogance, l'invulnérabilité, le perfectionnisme, l'antidépendance et l'hypermaîtrise de soi sont mis en évidence, nous expérimentons la peur et la souffrance. C'est l'envers de la médaille et l'épreuve qu'il nous faut surmonter pour en sortir. Nous devons avoir la conviction que cette pénible phase du processus de guérison n'est que passagère. Les dépendants doivent s'armer de courage et entretenir une solide relation avec la Puissance Supérieure pour franchir ce stade douloureux et atteindre un stade d'équilibre plus confortable.

Pour celui qui songe à entamer un traitement, il lui faut savoir que la première année sera très difficile, voire même les dix-huit premiers mois. Paradoxalement, à la joie de guérir s'ajoute la sensation d'être mal dans sa peau.

J'ai constaté que nous autres dépendants sommes difficiles à soigner. Ainsi ai-je longtemps refusé de suivre certains conseils qui m'auraient permis de guérir plus rapidement. J'ai attendu que ma vie devienne un enfer pour m'y résoudre.

J'insiste sur cet aspect du problème, car personne ne m'avait avertie de la difficulté de ces étapes. Aussi fus-je décontenancée en éprouvant à la fois de la joie et un surcroît de souffrances. Dans l'ensemble, ma guérison fut un acte solitaire. J'ai partagé ma propre thérapie avec mes patients dans le but d'être à la fois leur thérapeute et leur compagne de misère.

Peurs et incertitudes imprévues

Hormis ce mélange de souffrance et de joie, il y eut également quelques peurs et incertitudes que je n'avais guère prévues. Avant d'amorcer mon traitement, par exemple, j'étais excessivement perfectionniste : trop de maîtrise sur moi-même, trop mature, je me sentais vieille et usée. A trente-six ans, je me comportais comme si j'en avais quatre-vingts. Mais, lorsque j'ai commencé mon traitement et appris à moins me contrôler, je suis tombée dans l'excès inverse. Je me conduisais comme une enfant, agissant comme telle pour l'excellente raison que je n'avais jamais accepté de vivre mon enfance.

Au début, ce comportement égocentrique et immature me plongea à nouveau dans l'illusion. Prendre le contre-pied m'enivrait. Puis, tout s'écroulait lorsque mon mari ou la thérapeute qui me servait de mère m'en faisaient prendre conscience. Ma subrogée mère disait par exemple : « Tu sais, tu es tellement centrée sur ta propre personne qu'il n'est pas facile d'entretenir des relations avec toi. Tu ne me téléphones jamais. C'est toujours moi qui t'appelle. » Ce genre de remarques me perturbait au plus haut point car j'aimais beaucoup cette femme.

Découvrir mes besoins et mes désirs fut l'expérience la plus douloureuse. Pour la première fois, lorsque je pris conscience de mes besoins, il me fut pratiquement impossible de les satisfaire. Sortir de la forteresse que j'avais érigée pour me protéger me rendit excessivement vulnérable.

Il n'en reste pas moins que j'ai progressé. Six ans après avoir entamé ce processus de guérison, j'ai retrouvé peu à peu les caractéristiques d'un sujet fonctionnel. Les douleurs et les hontes héritées du passé, la peur de ne jamais les surmonter et la colère que m'inspirait chaque échec se sont dissipées, pour laisser place à une sérénité fondée sur l'espoir. Je cultive cet espoir en plaçant ma confiance en la Puissance Supérieure, et en appliquant les douze étapes de notre programme. Toutefois, cet état de grâce n'est pas permanent. Les dépendants doivent toujours se remettre en question et travailler sur eux-mêmes.

A mon avis, guérir, c'est apprendre à vivre avec des caractéristiques fonctionnelles. Mais personne, à ma connaissance, ne peut se targuer de mener à la perfection son traitement. A titre personnel, il m'arrive de sombrer à nouveau dans la dépendante. Agir en dépendance me cause désormais une douleur vive, instantanée et je n'ai qu'une envie : en sortir au plus vite.

La dépendance ne disparaîtra pas d'elle-même

Lorsque j'anime des groupes, j'ai coutume de dire : « Prenez vos démons à bras-le-corps, sinon ils vous dévoreront. » C'est à nous qu'il revient de combattre notre mal, si nous souhaitons nous en libérer. Si nous attendons d'autrui — fût-ce d'un bon thérapeute — qu'il nous guérisse sans que nous ayons à y participer, nous resterons englués dans le mal. Personne ne peut s'acquitter de ce travail à notre place. Nul n'en a les moyens et n'est qualifié pour le faire. Certes, nos parents auraient dû nous épargner pareille tâche en nous éduquant de façon fonctionnelle, mais il ne sert à rien de leur reprocher aujourd'hui leur comportement passé. Ce qui est fait est fait, et il n'est plus en leur pouvoir de réparer les dégâts. Chacun d'entre nous doit trouver son chemin personnel vers la guérison.

J'ai bon espoir qu'alors que nous commençons à reconnaître en nous l'action des symptômes fondamentaux de la dépendance, c'est le meilleur point de départ. Il nous reste ensuite à appliquer deux règles : 1) apprendre à lutter contre le mal dans notre propre existence : comment mieux nous respecter, nous doter de frontières adéquates, cerner notre réalité, assumer la responsabilité de nos désirs et de nos besoins et aborder la vie avec plus de modération ; 2) apprendre à devenir de meilleurs éducateurs pour nos enfants : comment les estimer à leur juste valeur, éviter de leur faire violence et les aider à se doter de frontières, les laisser libres de se constituer leur propre réalité et les guider vers une plus grande maturité, leur assurer un maternage adéquat et leur fournir un environnement stable dans leurs années de formation.

Si vos enfants sont déjà des adultes, et souffrent aussi de dépendance, le mieux est d'entrer nous-mêmes en traitement et de les laisser choisir leur propre voie vers la guérison. Quand ils sont encore jeunes, nous pouvons vivre au quotidien notre processus de guérison et le poser ainsi en exemple, mais lorsqu'ils sont plus âgés, il n'est pas bénéfique de les influencer. Bien que responsables de leur dépendance, laissons-les libres de guérir et de choisir leur mode de vie. Pour nous, ne plus leur imposer notre façon de vivre, c'est déjà un premier pas vers la guérison. Pas plus que nos parents ne peuvent prendre en charge notre guérison, nous ne pouvons la transmettre à nos enfants.

Le programme en douze étapes

Pour bien comprendre le programme en douze étapes, il est recommandé, dès le début, d'assister à une séance de groupe. Vous y rencontrerez des dépendants qui évoquent leur mal et les moyens de s'en libérer. Le programme s'inspire de celui des Alcooliques Anonymes (A.A.).

J'insiste sur l'importance de dialoguer entre vous non seulement de la dépendance et de son mode opératoire dans votre vie, mais aussi de votre expérience personnelle du processus de guérison. Ne parler que de la maladie et de ses conséquences néfastes dans votre vie est stérile. Évoquer les expériences positives qui découlent du traitement que vous avez entrepris vous permet de prendre conscience de votre progression et associe l'espoir à la cure. Apprendre comment franchir ces douze étapes jusqu'à la guérison est essentiel.

PREMIÈRE ÉTAPE : RECONNAÎTRE LA NATURE DE VOTRE MAL PAR ÉCRIT

La première étape du programme est capitale : elle consiste à reconnaître la nature de la maladie. Consigner votre certitude par écrit doit vous aider. Il suffit de la rédiger dans les termes suivants :

« Je reconnais être impuissant dans mes rapports relationnels et ne plus pouvoir gérer ma vie. »

L'objectif est de vous faire prendre conscience de la façon dont *votre mal agit sur vous*. Il est impossible de vous en guérir autrement.

Cette démarche s'effectue en deux temps :
1) Décrire comment vous subissez les cinq symptômes fondamentaux énumérés dans le chapitre 2 et la façon dont ils gâchent votre existence.

2) Décrire les cinq conséquences (chapitre 3) qui ont fini par vous rendre la vie insupportable.

Cette rédaction peut prendre du temps. Mais l'écriture est l'une des façons qui va vous aider à identifier votre maladie.

LE PARRAINAGE

Pour vous soutenir, je vous conseille de choisir une personne qui, cheminant elle-même sur la voie de la guérison, sera susceptible de vous guider, de vous materner et surtout de vous écouter. Rien de tel qu'un dépendant pour comprendre un autre dépendant. L'une des caractéristiques de ce mal est d'occulter les conseils que l'on vous donne. Vous avez donc besoin d'une personne patiente, à votre écoute pour vous soutenir. Il est préférable de porter votre choix sur un sujet du même sexe que le vôtre, à moins que vous ne soyez homosexuel. Ceci pour vous éviter d'entretenir une relation sentimentale qui deviendrait dysfonctionnelle tant pour vous que pour votre parrain ou marraine.

SACHEZ ANALYSER VOS SYMPTÔMES

Interrogez-vous sur chacun des cinq symptômes fondamentaux de la dépendance :
— Avez-vous du mal à vous estimer à votre juste valeur ?
— Avez-vous établi des frontières fonctionnelles ?
— Savez-vous reconnaître et exprimer votre propre identité ?
— Savez-vous assumer vos désirs et vos besoins ?
— Êtes-vous capable de modération ?

Sachez qu'il vous sera difficile de bien mémoriser et d'énumérer vos problèmes si vous ne les avez pas notés au cours de la première étape du programme.

La dépendance est une maladie subtile et insidieuse. Si vous éprouvez la moindre difficulté à suivre les étapes préconisées, discutez-en avec un conseiller compétent.

Tout au long de cet ouvrage, nous avons utilisé le mot « maladie ». Il est évident que la dépendance ne peut être assimilée à une quelconque maladie microbienne dont on pourrait se guérir du jour au lendemain. Les soins doivent être continus. Jour après jour, vous devez suivre votre programme et le respecter, car vous ne serez jamais à l'abri d'une rechute.

Néanmoins, quelle que soit la méthode que vous choisirez, affrontez dès maintenant la dépendance. Sachez que des centaines de personnes sont déjà engagées sur la voie de la guérison. Alors, ne perdez pas espoir : vous aussi pouvez vous libérer de ce fardeau et retrouver la joie de vivre.

APPENDICE

Comme nous l'avons mentionné dans la préface, le traitement de la dépendance présente une analogie avec celui de l'alcoolisme.

Dans un premier temps, l'on attribua les symptômes de la dépendance au stress engendré par le fait de cohabiter avec un sujet s'adonnant à une drogue quelconque.

Toutes les réactions extrémistes d'un ou plusieurs membres de la famille (honte, peur, douleur, colère) étaient considérées comme autant de réactions face au comportement de l'alcoolique ou du drogué.

Néanmoins, l'on s'aperçut que lorsqu'un alcoolique était sevré, la conduite de son entourage demeurait la même, voire empirait.

Il devint alors évident que les membres de la famille souffraient d'un autre mal. Les thérapeutes découvrirent que les causes cachées de cette maladie pouvaient aussi conduire à l'alcoolisme.

Au fur et à mesure que ces personnes entrèrent en thérapie, il devint clair que bon nombre d'entre elles avaient des antécédents alcooliques. Elles semblaient même avoir inconsciemment choisi de se marier avec un sujet alcoolique ou drogué, choix parfois répété au cours de plusieurs mariages. D'une certaine façon, il est évident que la conduite de l'alcoolique permet au dépendant de reconstituer ou de revivre son enfance. Obéissant à un processus inconscient, le dépendant trouve ainsi une autre occasion de se sentir parfait ou satisfait et de libérer des sentiments de peur, de douleur, de colère ou de honte hérités de son enfance. Sentiments qui, tout au long de sa vie, ont détérioré ses rapports relationnels.

Lorsque ces sujets commencèrent à traiter leurs symptômes de dépendance, l'évidence devint irréfutable : leur maladie se suffisait à elle seule et ils n'avaient nul besoin d'alcooliques ou de drogués dans leur vie pour être dépendants.

Telle est la raison pour laquelle nous avons essayé de décrire dans ce livre l'étroite relation qui existe entre les agressions subies dans l'enfance et les symptômes des adultes dépendants.

Dans la collection J'ai lu Bien-être

AGNÈS BEAUDEMONT-DUBUS
La cuisine de la femme pressée (7017/3, mars 93)

Dr ARON-BRUNETIÈRE
La beauté et les progrès de la médecine (7006/4)

MARTINE BOËDEC
L'homéopathie au quotidien (7021/3, juin 93)

Dr ALAIN BONDIL et MARION KAPLAN
Votre alimentation selon le Dr Kousmine (7010/5)

BÉATRICE ÇAKIROGLU
Les droits du couple (7018/6, juin 93)

BRUNO COMBY
Tabac : libérez-vous ! (7012/4)

Dr DREVET et Dr GALLIN-MARTEL
Bien vivre avec son dos (7002/4)

Dr DAVID ELIA
Comment rester jeune après 40 ans (7008/4)

PIERRE FLUCHAIRE
Bien dormir pour mieux vivre (7005/4)

PIERRE FLUCHAIRE, MICHEL MONTIGNAC...
Plus jamais fatigué ! (7015/5)

CÉLINE GÉRENT
Savoir vivre sa sexualité (7014/5)

COLETTE LEFORT
Maigrir à volonté ...ou sans volonté ! (7003/4)

Dr LELEU
Le traité des caresses (7004/5)

Pr HENRI LÔO et Dr HENRY CUCHE
Je suis déprimé mais je me soigne (7009/4)

Dr E. MAURY
La médecine par le vin (7016/3, mars 93)

PIA MELLODY
Vaincre la dépendance (7013/4, inédit)

Dr VLADIMIR MITZ
Le choix d'être belle (7019/6, juin 93)

ROBIN NORWOOD
Ces femmes qui aiment trop (7020/6, mars 93)

PIERRE PALLARDY
Les chemins du bien-être (7001/3)

PIERRE et FLORENCE PALLARDY
La forme naturelle (7007/6)

MARIE-FRANCE VIGOR
Enfants : comment répondre à leurs questions ! (7011/6)

CÉLINE GÉRENT
Savoir vivre sa sexualité

Le manuel pour tous de la vie amoureuse.

L'amour est un art qui exige autant de créativité que de savoir-faire.

Etre attentif aux désirs de l'autre, découvrir la magie des caresses, la maîtrise de soi, la complicité, apprendre à donner autant qu'à recevoir... l'amour, c'est tout cela.

Un glossaire de 128 mots clés, qui renseigne, explique, prévient de manière simple, délicate et sans tabous.

De l'éveil des sens à la sexualité du troisième âge, une documentation complète sur la vie amoureuse et sexuelle.

Concret, direct, sensible, un manuel pratique **à mettre entre toutes les mains.**

Céline Gérent

Parallèlement à une carrière administrative, elle a étudié, en France et en Inde, les philosophies occidentales et orientales, la psychologie et la linguistique. L'enseignement qu'elle en a tiré a servi de base à sa réflexion sur le comportement sexuel de nos contemporains.

Collection J'ai lu Bien-être, 7014/5

MICHEL MONTIGNAC
PIERRE FLUCHAIRE
Plus jamais fatigué !

Retrouvez toute votre vitalité.
Une méthode globale et naturelle.

Coup de pompe passager ?
Épuisement chronique ? **Comment briser le cycle infernal cafés-somnifères?**

La fatigue est le fléau de notre époque : civilisation industrielle, pollution, stress de la vie moderne agressent sans relâche l'individu.

Aider son organisme à **retrouver un équilibre naturel,** réapprendre à dormir, à manger, à respirer, à **mieux gérer son énergie** et son habitat : mises au point par cinq spécialistes du sommeil, de la diététique, de la sophrologie et de la géobiologie, **des solutions claires, concrètes, efficaces.**

Plus jamais fatigué ! un livre actuel, à la pointe de la connaissance, **pour retrouver et conserver toute sa vitalité.**

Les auteurs

On ne présente plus Michel Montignac, diététicien mondialement connu dont la méthode exposée dans son livre Je mange donc je maigris *a fait des milliers d'adeptes. Pierre Fluchaire est l'expert incontesté du bien dormir. Avec d'autres experts, chacun dans son domaine, il vous révèle l'essentiel de ce que vous devez savoir pour apporter une réponse globale au problème de la fatigue.*

Collection J'ai lu Bien-être, 7015/5

BRUNO COMBY
Tabac, libérez-vous !

Un guide pratique pour enfin réussir
à cesser de fumer.

Une méthode efficace.

Arrêtez de fumer !
Commencez une vie nouvelle !
Retrouvez goût, odorat, souffle...

**Profitez pleinement
de votre corps, de vos sens !**

Combien de fois avez-vous caressé l'idée
d'envoyer promener cette satanée cigarette ?

Pour enfin réussir à cesser de fumer,
parce qu'il est possible de s'en sortir
tout seul, Bruno Comby propose
une méthode originale.

Une série de techniques simples :
de l'autosuggestion au régime alimentaire
d'accompagnement en passant par
des exercices respiratoires...

Le meilleur livre antitabac !

Bruno Comby
*Polytechnicien, ingénieur en génie nucléaire,
directeur d'un laboratoire de recherche en
prévention et nutrition, il est aussi l'auteur
de sept livres mondialement connus
sur la santé et le bien-être.*

Collection J'ai lu Bien-être, 7012/4

Les Nouvelles Clés du Mieux-être

ASHLEY Nancy	Construisez vous-même votre bonheur 3146/**3** Inédit
BONDI Julia A.	Amour, sexe et clarté 2817/**3** Inédit
BOWMAN Catherine	Cristaux et prise de conscience 2920/**3** Inédit
BRO H. H.	Voir à Cayce
CAMPBELL Joseph	Puissance du mythe 3095/**5** Inédit
CAYCE Edgar	...et la réincarnation (par Noel Langley) 2672/**4**
(Voir aussi à Koechlin)	Les rêves et la réalité (par H. H. Bro) 2783/**4**
	L'homme du mystère (par Joseph Millard) 2802/**3**
CHOPRA Deepak Dr	Le retour du Sage 3458/**4** (Mai 93)
DAMEON-KNIGHT Guy	Karma, destinée et Yi King 2763/**3** Inédit
DENNING M. & PHILLIPS O.	La visualisation créatrice 2676/**3** Inédit
DOORE Gary	La voie des chamans 2674/**3** Inédit
FONTAINE Janine	Médecin des trois corps 3408/**6** (Février 93)
GIMBELS Theo	Les pouvoirs de la couleur 3054/**4**
HAYES Peter	L'aventure suprême 2849/**3** Inédit
JAFFE Dennis T.	La guérison est en soi 3354/**5**
KOECHLIN de BIZEMONT Dorothée	L'univers d'Edgar Cayce 2786/**5**
	L'univers d'Edgar Cayce - 2 3246/**5**
	L'astrologie karmique 2878/**6**
	Les prophéties d'Edgar Cayce 2978/**6**
LANGLEY Noel	Voir à Cayce
LANGS Robert Dr	Interprétez vos rêves 3477/**4** Inédit (Juin 93)
LEVINE Frédérick G.	Pouvoirs psychiques 3162/**4** Inédit
MACLAINE Shirley	Danser dans la lumière 2462/**5**
	Le voyage intérieur 3077/**3**
	Miroir secret 3188/**5**
MILLARD Joseph	Voir à Cayce
MONTGOMERY Ruth	Au-delà de notre monde 2895/**3** Inédit
MOODY Raymond Dr	La vie après la vie 1984/**2**
	Lumières nouvelles... 2784/**2**
	La lumière de l'au-delà 2954/**2**
PEARCE Joseph Chilton	La fêlure dans l'œuf cosmique 3022/**4** Inédit
PECK Scott	Le chemin le moins fréquenté 2839/**5**
	Les gens du mensonge 3207/**5** Inédit
PECOLLO Jean-Yves	La sophrologie 3314/**4**
ROBERTS Jane	Le Livre de Seth 2801/**5** Inédit
	L'enseignement de Seth 3038/**7** Inédit
RYERSON et HAROLDE	La communication avec les esprits 3113/**4** Inédit
SAINT-AMANS de	L'intelligence et le pouvoir des nombres 3364/**5**
SIEGEL Bernie	L'amour, la médecine et les miracles 2908/**4**
SMITH Michael G.	Le pouvoir des cristaux 2673/**3** Inédit
STEVENS Jose & Lena	Secrets du chamanisme 3265/**6** Inédit
WAGNER McLAIN Florence	Guide pratique du voyage dans les vies antérieures 3061/**2**
WAMBACH Helen	Revivre le passé 3293/**4**
WATSON Lyall	Supernature 2740/**4**
	Histoire naturelle du surnaturel 2842/**4**
WEISS Brian L. Dr	De nombreuses vies, de nombreux maîtres 3007/**3** Inédit

Ce livre de la collection J'ai lu Bien-être a été
imprimé sur papier blanchi sans chlore et sans acide.

Composition Gresse B-Embourg
Achevé d'imprimer en Europe (France)
par Maury-Eurolivres à Manchecourt (Loiret)
le 21 décembre 1992.
Dépôt légal décembre 1992. ISBN 2-277-07013-0

Editions J'ai lu
27, rue Cassette, 75006 Paris
Diffusion Flammarion (France et étranger)